ANT'ÉDIPO

PAUL-CLAUDE RACAMIER

ANT'ÉDIPO

e seus destinos

Tradução
Maria do Carmo Cintra de Almeida-Prado

Ant'édipo: e seus destinos

Copyright © 2021 Artesã Editora

É proibida a duplicação ou reprodução deste volume, no todo ou em parte, sob quaisquer formas ou por quaisquer meios (eletrônico, mecânico, gravação, fotocópia, distribuição na Web e outros), sem permissão expressa da Editora.

DIRETOR
Alcebino Santana

COORDENAÇÃO EDITORIAL
Karol Oliveira

DIREÇÃO DE ARTE
Tiago Rabello

TRADUÇÃO E REVISÃO TÉCNICA
Maria do Carmo Cintra de Almeida-Prado

REVISÃO
Débora Andreza Zacharias

CAPA
Karol Oliveira

ILUSTRAÇÃO DE CAPA
Paul Klee - Remembrance Sheet of a Conception
Registro da lembrança de uma concepção

DIAGRAMAÇÃO
Luís Otávio Ferreira

R118   Racamier, Paul-Claude (1924-1996).
            ANT'ÉDIPO e seus destinos / Paul-Claude Racamier ; tradução: Maria do Carmo Cintra de Almeida-Prado. – Belo Horizonte : Artesã, 2021.
            112 p. ; 21 cm.
            ISBN: 978-65-86140-64-4

    1. Psicanálise. 2. Édipo, Complexo de. 3. Psicoses. I. Almeida-Prado, Maria do Carmo Cintra de. II. Título.

                                                                CDU 159.964

Catalogação: Aline M. Sima CRB-6/2645

IMPRESSO NO BRASIL
Printed in Brazil

(31)2511-2040   (31)99403-2227
www.artesaeditora.com.br
Rua Rio Pomba 455, Carlos Prates - Cep: 30720-290 | Belo Horizonte - MG
/artesaeditora

*Eu dedico este livro com emoção
à memória de Etiennette Roch,
fada a quem devo
ter podido escrevê-lo*

P-C. R.

11 PREÂMBULO

15 APRESENTAÇÃO

19 OS CAMINHOS DO ANT'ÉDIPO

20 ALGUNS CAMINHOS, ALGUNS OLHARES

22 A PARTIR DA SEDUÇÃO NARCÍSICA

22 *Na sedução*

24 *Fragmentos (1978)*

24 *Em direção ao incesto*

27 OS TERRITÓRIOS DO ANT'ÉDIPO

28 PERSPECTIVA

31 CONTRASTE

32 ANT'ÉDIPO AO ENCONTRO DE ÉDIPO

35 O ANT'ÉDIPO: UM ESTILO

36 ORIGEM: ORIGENS

37 CRIAÇÃO

38 OLHARES SOBRE O BEBÊ

39 ZONAS, LIMITES E ZONAS-LIMITES

40 INVESTIMENTOS IMÓVEIS: UMA ENERGIA NARCÍSICA?

41 EXTENSÃO – POLARIZAÇÃO

42 CONFLITO DE ANT'ÉDIPO? HERANÇA...

45 DA FANTASIA DE AUTOENGENDRAMENTO

47 UMA FANTASIA ORIGINAL

48 ENTREATO

49 RETORNO À FONTE

50 UMA FANTASIA INDIZÍVEL

51 UMA FANTASIA-NÃO-FANTASIA

52 UMA RECUSA DE ORIGENS

53 FAMÍLIAS AUTOENGENDRADAS: FECHAMENTO E DIFUSÃO

55 FAMÍLIAS AUTOENGENDRADAS: O FIGURANTE PREDESTINADO

56 PROCESSO DE ACENDIMENTO

57 UMA FANTASIA SEM LIMITE E SEM DESCENDÊNCIA

58 BRANCURA E DEGRADAÇÃO FANTASMÁTICAS

59 AO REDOR DE ANT'ÉDIPO

61 *DES-SER* E SE DESENGENDRAR

62 APRESENTAÇÃO

64 PRECISÕES

66 DISTINÇÕES IMPREVISTAS

67 UMA ALEGORIA

69 DEPLORÁVEIS DESTINOS DO ANT'ÉDIPO

70 APRESENTAÇÃO DE UM DÍPTICO

71 ORIGENS E VIAS DE UMA ESCALADA

72 SÉQUITO DAS AVENTURAS DO FIGURANTE PREDESTINADO: HIPÓTESE NOVA PARA UMA SEQUÊNCIA CATASTRÓFICA

75 DELÍRIOS E PARADOXOS

77 INFILTRAÇÕES E SEDIMENTOS DE CATÁSTROFES

79 EM DIREÇÃO A UM MUNDO HABITÁVEL OU O ANT'ÉDIPO BEM TEMPERADO

80 NOVO APELO

81 REALIDADES

83 UMA PRECOCE REALIDADE INTERATIVA

84 POR UMA COPRODUÇÃO DO VIVO

86 FAMÍLIAS E ANCESTRAIS

89 OLHARES SOBRE A TERAPIA

90 ILUSÕES DE OUTRORA, ILUSÕES DE HÁ POUCO

91 VIAS NOVAS

93 JUNTO AO CORPO

93 REPARAÇÃO E REENGENDRAMENTO

97 CONCLUSÃO

99 ELEMENTOS BIBLIOGRÁFICOS

103 *ANT'ÉDIPO II*

104 A DESCOBERTA DE UM HERÓI

105 A ÚLTIMA E VERDADEIRA HISTÓRIA DE ANT'ÉDIPO

PREÂMBULO

Por muito tempo pensei, como todo mundo, que antes do édipo, só se encontrava o pré-édipo. O pré-édipo não tinha fim: mais se remontava, mais era preciso embrenhar-se. Mergulhava-se no arcaico. Chegava-se ao pré-objetal. O édipo ainda aí se achava, ou melhor, já se encontrava aí. Continuava-se então. Caia-se no anobjetal. Acabava-se de nascer – ou talvez, ou antes, não se tinha ainda nascido.

Era o caos. Ele nos era descrito ora sob as cores suaves do primeiro e mais terno quarto de dormir do mundo (o interior do útero), ora sob o aspecto terrificante de um magma informe e fervilhante, uma caverna de monstros. A menos que, hipótese mais provável, o nunca encontrável bebê que fomos tenha oscilado de um lado a outro e de terror em felicidade, no enigmático entre-dois da vida e da não-vida.

Não se deve abusar do caos. Nós o pressentimos. Há muito tempo, e as observações contemporâneas do bebê confirmaram-no bem: o bebê não é tão bobo assim. Terrivelmente desmunido, mas notavelmente competente.

Não se trata evidentemente de recolocar o édipo em causa. (Note, entretanto, que isto se dá insidiosamente, aqui, ali). Privar-se dos recursos clínicos do pré-édipo: certamente não. Contentar-se com o caos: também não.

É nessa imprecisão, nessa falta, nessas brechas, que essas estranhas máquinas de pensar sem pensar que são os esquizofrênicos me colocaram há muito sobre a via de uma noção nova: a do ant'édipo.

Ela podia parecer estranha: o que é novo, sempre o é. Ela não me caiu, entretanto, de paraquedas: cheguei a ela. Desde então, ela se aprofundou e se enraizou em meu espírito, avolumou-se e se expandiu. Ela reconheceu suas conexões, recebeu ecos e encontrou prolongamentos, particularmente junto a meus colegas em pesquisas psicanalíticas sobre famílias.

Por muito tempo pensei que a marca do ant'édipo era de muito mau augúrio para o futuro da psique; o delírio esquizofrenizante me havia feito descobri-lo; o delírio continuava sendo seu horizonte. No entanto, amadurece-se. (Diz-se mesmo que nunca é tarde demais...). Pouco a pouco, compreendi que o ant'édipo tem encostas de sombra, e brechas de luz. Afinal – antes de qualquer coisa – Freud não havia começado por achar que as fantasias de sedução precoce são germes de neuroses? E não as havia situado em seguida em seu lugar verdadeiro, às vezes patógeno, mas fundamentalmente universal? Ocorre o mesmo com o ant'édipo e seus destinos.

Assim, a partir da observação individual em um registro patológico, chegamos ao plano familiar, bem como ao registro geral da vida psíquica. Não é assim para qualquer conceito psicanalítico de peso?

Centrado sobre o conflito das origens; organizado (para o melhor, ou então para o pior) numa relação de pêndulo com o édipo, o ant'édipo não está apto, *e somente ele*, a temperar essa corrida ao arcaico, onde a psicanálise, em busca do indizível, engaja-se, às vezes, até se deixar tomar pela embriaguez das profundezas?

APRESENTAÇÃO

Declarações liminares – Uma
definição – Para mais complexidade ou para mais
exatidão – Constelação original para conflito
original – Uma profunda ambiguidade

Antes de mim, havia... havia eu.
A.

Eu, Antonin Artaud, eu sou meu filho,
Meu pai, minha mãe
E eu
Nivelador do périplo imbecil onde se crava
O engendramento....
A.A.

Minha mamãe veio ao mundo quando eu tinha cinco anos.
Z. (8 anos)

Sob a denominação de ant'édipo descrevo (e descreverei) uma constelação psíquica original, ocupando um lugar central no seio do conflito das origens e exercendo a respeito do édipo uma função ainda mais complexa, pois apresenta duas faces opostas: prelúdio, delineamento e contraponto nos melhores casos (os mais discretos), mas antagonista muito potente nos casos adversos (que são também os mais visíveis). É por isso que me prendo à ortografia do termo ant'édipo em sua fecunda ambiguidade, já que ele designa uma organização dotada de uma dupla natureza e de um duplo potencial: *ante-edípico* e *anti-edípico*[1].

---

1 Como adotei tal hábito há anos, abster-me-ei de colocar notas de rodapé, que são comodidades para o autor, mas rupturas de ritmo para o leitor. Faço exceção a esta regra para assinalar desde agora que escrevo Édipo e Ant'Édipo com uma inicial maiúscula para designar as personagens, e com minúsculas para designar os conceitos.

Ante? Talvez: o ant'édipo não remonta além (ou aquém) da situação edípica, até o nível da geração mesma? Mas ele não se reduz ao pré-édipo.

Anti? Talvez: o ant'édipo tende a se opor aos impulsos e às angústias inerentes ao édipo, pelo menos ele os contrabalança. Portanto, anti, no sentido duplo do prefixo: ao encontro e em face.

Decididamente, Ant'Édipo não se confunde com ninguém. É verdade que originalmente, e durante algum tempo, o ant'édipo me apareceu sob o aspecto de uma máquina defensiva esmagadora, dotada de um formidável potencial psicopatológico. Era uma visão simples; ela estava incompleta; minha visão perdeu em simplicidade o que, parece-me, ganhou em exatidão. Que ele esteja voltado para os desastres ou que ele trabalhe na trama do ser, em todo caso o ant'édipo não saberia se reduzir a nada que se conhece: nem ao pré-édipo; nem ao *contra-édipo*; nem ao édipo invertido. Constelação original, ele apresenta, portanto, uma organização própria; premissas e precedentes; condições de emergência; uma angústia específica; uma economia particular; uma fantasia central, específica ao mesmo tempo por seu texto e por sua textura; fantasias derivadas e complementares; um potencial defensivo e resíduos vitais; formas de transferência e de pensamento individuais e familiares; variantes e formas de acomodamentos; duas vertentes, e saídas diversas.

Começarei por situar suas origens, seu território e sua economia; apresentarei em seguida sua fantasia central e sua fantasia derivada; poderemos então examinar seus destinos contrastados; e isolar enfim algumas notações terapêuticas.

Se com uma única palavra eu procurasse guiar o leitor nos meandros do ant'édipo, então eu tornaria a falar de ambiguidade: de fato, *a constelação ant'edípica se encontra na junção*

APRESENTAÇÃO **17**

do objetal e do narcísico, do individual e do familiar, da vida e da não-vida.

Se no curso deste texto o leitor perceber correntes e contra-correntes, hesitações ou retomadas, que ele me perdoe: ele encontrará razões para isto no vai-e-vem de minha pesquisa e na ambiguidade de seu objeto.

OS CAMINHOS DO ANT'ÉDIPO

*Uma paternidade incerta – Do lado de
Freud – Alguns percursos – Uma plêiade de autores
visitados a largos passos – O mal do objeto – A
primeira das seduções – Uma forquilha com duas
vias – De Narciso a Ant'Édipo passando pelo incesto*

Como cada um sabe, a paternidade é sempre incerta... e a do
Ant'Édipo tem do que sê-lo, mais que qualquer outra. Creio,
no entanto, ser o pai dessa criança, que por natureza repugna tanto a reconhecer-se pais. De resto, não ignoro que não se
é nunca completamente o inventor de seja lá o que for: toda
invenção criativa apresenta uma ambiguidade profunda, que
faz com que *sendo de você, ela não seja de você* (diz-se de passagem que, soubessem um pouco o que precede, os pacientes
que o furor do autoengendramento abraça se encontrariam
aí diminuídos, sem dúvida, e certamente mais à vontade...).
Vice-versa, nós chegaremos talvez a descobrir ao final de nossa
viagem que somos desde sempre e sem sabê-lo os *coautores da
vida que nos é dada...*

ALGUNS CAMINHOS, ALGUNS OLHARES

É sabido: não basta nascer. O nascimento psíquico é um labor.
A psicanálise trabalha incansavelmente sobre esse labor: ela
sempre busca pelo lado das origens.

Freud, é claro. É verdade – e sabemos disto – que Ant'Édipo
não está em sua obra, pelo menos nela não figura explicitamente. Não há razão para disto se orgulhar ou se envergo-

nhar – e nem tentar esticar sua obra como um elástico, a fim de fazê-lo dizer por força o que ele não disse. Não terei também o pedantismo de apontar a dedo todos os pontos que me serviram – como a cada um de nós – de contrafortes. Seria preciso segui-lo junto ao bebê; nos meandros do narcisismo e nos refúgios do ego. Duas observações, no entanto. Há algo de fascinante em sua pesquisa do para-além das origens: a teoria dos traços mnêmicos poderia muito bem encobrir segredos e possibilidades. Mais importante ainda: Freud nunca cessou de conceber a psique em termos de duplas de formas, de forças opostas e complementares; e de minha parte, não saberia dizer o quanto este método sustentou e dirigiu minha pesquisa. Aquém do édipo, conhece-se a questão; mas em face?...

Qualquer que seja sua experiência clínica ou sua preferência teórica, sua ousadia ou sua temeridade, você sempre acabará por refletir sobre a teoria das origens. Todos os caminhos levam a ela, todos os caminhos vêm dela. Você partirá talvez (como Rank) em busca do *primum movens*: será o nascimento, tolamente. Ou, então, você mergulhará nas correntes indizíveis do narcisismo, como Ferenczi ou, mais próximo, Grunberger. Você navegará talvez nas zonas ultra pré-genitais da criatividade primária e do engendramento pré-sexual, como o fizeram M. Balint ou Ida Macalpine. Você partirá dos limites como P. Federn; das interfaces como F. Pasche; ou da pele como D. Anzieu. Você partirá daí e aí voltará, e ainda aí tocará às origens.

Você ascenderá em direção à fonte das fantasias, e além, seguindo a pista de Melanie Klein e deixando-se nela conduzir por Meltzer ou por Bleger. A menos que você tenha viajado com Laplanche e Pontalis. A menos ainda que você tenha empreendido com Piera Aulagnier e Micheline Enriquez, a partir da caminhada com os psicóticos, a conquista espinhosa dos processos originários.

Você observará a criança, e mesmo o bebê, em sua interação com sua mãe, e fará assim, com Winnicott, com Lebovici e com outros, belas descobertas sobre as origens.

Em resumo, você terá partido das crianças; você terá partido dos psicóticos; você terá partido dos criadores; ou então, enfim, psicanalista, você terá partido das famílias: em todos os casos você verá em andamento o verdadeiro trabalho das origens. Em todos os casos você terá caminhado para os limites; encontrado passagens incertas e flutuantes; costeado energias suaves; você terá conhecido a reversibilidade das coisas da psique...

É claro, você pode ainda caminhar em minha companhia nas páginas seguintes. Nelas eu balizo brevemente o caminho do ant'édipo.

A PARTIR DA SEDUÇÃO NARCÍSICA

NA SEDUÇÃO

Temos aqui dois pontos de partida possíveis: o psicótico ou o bebê. Não que eles se confundam. Nem mesmo que encontre do psicótico em todo bebê, nem do bebê em todo psicótico. (Dois temas que retornam bastante regularmente à baila, e certamente não têm nada de absurdo, mas veja, não posso me impedir de neles achar uma pitada de romanesco). O que creio em troca (eu o sei para o psicótico, e temos boas razões para pensá-lo para o bebê), é que todos os dois estão às voltas com o mesmo tipo de dificuldade: parar a atração excessivamente excitante do objeto, sem perdê-lo por isto, temperar o que chamarei o *mal do objeto*.

Outro objetivo, e correlativo: preservar o uníssono com o objeto (enormemente investido, mas ainda pouco distintamente situado), ao mesmo tempo em que salvaguarda uma chance de diferenciação. O problema é simétrico na mãe, que deseja e que teme que seu bebê, que já se separou corporalmente dela, se separe psiquicamente.

É nesse contexto que se organiza a *sedução narcísica*. Compreendo-a (e a descrevi anteriormente) como um processo ativo, potente, mútuo, estabelecendo-se originalmente entre a criança e a mãe, no clima de uma fascinação mútua de natureza profundamente narcísica. Sustentando essa sedução: uma fantasia de uníssono, de completude e de potência criativa total. Um ditado: "junto em uníssono, nós fazemos o mundo, a cada instante e para sempre". De resto, a sedução narcísica não está somente na fantasia. Ela está na interação. Ela passa pelos corpos. Seus instrumentos: o olhar e o contato cutâneo.

Insistia nisto antes, insisto nisto ainda hoje (e as descobertas recentes me reforçam nesta perspectiva): trata-se realmente de uma sedução, ela é mútua, e de natureza narcísica. (A ideia do narcisismo a dois ou a muitos não deve mais, espero, amedrontar ninguém).

Está claro para os meus olhos (e mais claro hoje do que antes) que em seu curso natural a sedução narcísica:

- visa equilibrar, *contrabalançar* nos dois parceiros o que chamei mais acima *o mal de objeto*;
- trabalha, portanto, como ativo para-excitante: um corta-fogo libidinal;
- trabalha ao mesmo tempo na regulação das *origens*;
- exerce-se num outro registro que aquele do *desejo* (como o do seio);
- está normalmente destinada a *se fundir* no ego;

- mas não saberia cumprir sua missão a não ser que antes ela tenha sido nutrida no seio das trocas mãe-filho (não no seio da mãe, mas no seio das trocas...).

FRAGMENTOS (1978)

Ser-me-á permitido citar alguns fragmentos do que não faz muito tempo eu escrevia sobre esse assunto.

> "No combate com o objeto, há um compromisso: é a relação de sedução narcísica. Esta vai tomar, para a patologia psicótica, o valor que é o da sedução sexual, real ou imaginária, na patologia neurótica. O objetivo da sedução narcísica é manter na esfera narcísica uma relação suscetível de desembocar em uma relação de objeto desejante ou de levar a ela.
>
> (...)
>
> Entre o bebê e sua mãe, nessa fase impropriamente chamada simbiótica, instaura-se uma fascinação mútua. Essa fascinação narcísica primária visa a preservar um mundo ao abrigo das excitações internas e externas, *imóvel*[2], estacionário e indefinido. Esta ordem narcísica imóvel é perturbada pelo (...) impacto do mundo exterior, pelas forças de *crescimento* da criança, e, sobretudo, pelas pulsões e *desejos*: desejos da criança, desejos da mãe pela criança e desejos da mãe pelo pai" (RACAMIER, 1978/80, p. 121-122).

EM DIREÇÃO AO INCESTO

No caminho de Édipo havia uma bifurcação célebre. Há uma assim no de Ant'Édipo. Essa bifurcação se esboça desde os primeiros tempos da sedução narcísica.

Descrevi o caso em que esta equilibra o fogo das pulsões; em seguida se funde no ego, que ela contribui assim a fundar. A outra via é mais árdua. Nós a conheceremos melhor: ela ter-

---

2 Os itálicos são do autor, mas em 1989...

mina mal. De chofre, a scdução é aqui ultradefensiva, pobre e rígida; de chofre ela visa a tornar o uníssono irreversível.

Descrevi anteriormente uma destas razões (mas não é sem dúvida a única).

> "Suponhamos uma mãe hostil a seus próprios desejos; sempre ligada à sua; enredada no seu édipo; tendo horror dos desejos libidinais que a criança manifesta, inspira e representa; e sempre enfim ameaçada de depressão: será preciso que sua criança a complete, ou mais exatamente, que ela continue como parte integrante dela mesma, com o pretexto de um órgão vital. Essa mãe pretende, portanto, reincluir a criança nela mesma de uma vez por todas: que essa criança narcisicamente seduzida seja como se ela não tivesse nascido".
>
> "Não é preciso que ela opere esse segundo nascimento que é o nascimento psíquico; não é preciso que ela cresça; que ela pense; que ela deseje; que ela sonhe" (RACAMIER, 1978/80, p. 121-122).

Para que uma relação de sedução narcísica se eternize, para que ela resista aos impulsos do édipo, um segredo, e um só: *o incesto*. E mais ainda do que o incesto: os *equivalentes* do incesto. Estranha e grave subversão: descrevi-a e não voltarei a ela. A partir do momento em que ela se organiza, a psicose se põe em marcha. Direi, no entanto, que, a partir do momento em que você tenha em mãos as duas noções da sedução narcísica e do incesto, um passo lhe falta dar, mas apenas um, para chegar à concepção do ant'édipo; ao mesmo tempo em que integra as noções que o fizeram nascer, esta vai constituir um corpo *novo*.

Nesta perspectiva, Ant'Édipo vira as costas para Édipo. É o que se vai primeiramente precisar, seja ao preço de um esquematismo, cujo prosseguimento arredondará sem dúvida os ângulos.

Ao longo deste trabalho reencontraremos, contudo, o traço recorrente dessa bifurcação originária: imagem de uma bipolaridade fundamental.

OS TERRITÓRIOS DO ANT'ÉDIPO

Um quadrilátero em Bordeaux – 1, 2, 3 – O corpo psíquico e a capacidade do ego – o Ant'Édipo face ao Édipo – Uma formidável prevenção..., mas a qual preço?

PERSPECTIVA

Permitam-me, para fixar as ideias, retomar aqui o esboço de uma perspectiva, que, em honra à cidade onde a apresentei primeiramente (1987), chamo desde então em meu foro íntimo de *Quadrilátero de Bordeaux*, representado no Quadro 1 que vem a seguir.

É a perspectiva de um desenvolvimento que vale para a família tanto quanto para o indivíduo: a do acesso ao édipo, pela aquisição psíquica do número 2, depois do número 3, e do que se segue.

Vê-se aí despontar no seio do conflito original *a invenção do objeto* (aquela que vai dar no número 2); ela só se efetua ao preço do luto fundamental e da angústia do *des-ser*; é ela que permite a integração da diferença dos seres e a primeira tecelagem da ambivalência.

Daí procede a passagem ao *conflito edípico* e à *triangulação*; ela permite aceder ao número 3, ela se efetua ao preço da angústia de castração, ela permite a integração da diferença dos sexos e a tecelagem da bissexualidade.

A partir do 3 vai se instaurar a sequência ilimitada dos números sucessivos.

Esta perspectiva – um esquema como se vê – permite situar ao mesmo tempo os *poderes* e os *limites* da psique: dito de outro modo, sua *capacidade*. (É-nos certamente permitido representar-nos aqui a capacidade de um recipiente ou a de uma montagem elétrica). Sabe-se já a importância que dou a esta noção de capacidade da psique: a *extensão* que a psique pode alcançar, os *limites* que ela não saberia ultrapassar.

Essa noção de capacidade psíquica compreende, parece-me, e ultrapassa a da *força do ego*, seguramente mais corrente, e, no entanto, mais rígida.

De resto, não há apenas o corpo físico para deter uma capacidade: o *"corpo psíquico"* também; poder-se-ia inventariar a área e os limites da capacidade do corpo; sabe-se que raramente nós os ocupamos inteiramente; sabe-se também que eles não são indefinidamente extensíveis.

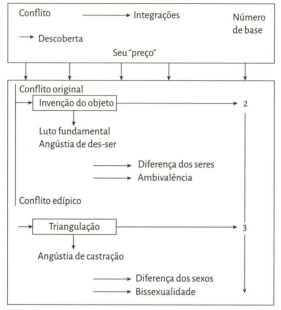

Esquema: outono 1987, revisto e completado: 1989

Quadro 1: *O quadrilátero de bordeaux*

A "capacidade psíquica" *varia* (numa certa medida) no decorrer do desenvolvimento, segundo os indivíduos e mesmo de acordo com as situações. É evidente que *a psique se encontra em estado de sofrimento desde que sua capacidade se encontre ultrapassada.*

Capacidade ultrapassada: pensa-se evidentemente nas situações traumáticas. Contudo, a noção de traumatismo (evidentemente entendida em sua acepção psicanalítica) não é a única a caracterizar as ultrapassagens da capacidade psíquica. É assim que as situações estreitamente paradoxais e fortemente descreditáveis, quando são impostas por um genitor, ultrapassam o que o ego de uma criança é capaz de integrar.

Retornemos, no entanto, aos *limites*. Aqueles do corpo; da família; do pensamento, do consciente: sabe-se o quanto esses limites (eles são diversos, mas estreitamente conexos entre si) são essenciais não apenas para delimitar territórios, mas também para *garantir em seu seio um funcionamento vivo e vivível*. Sem eles, não há perspectiva nem profundidade, não há tópica nem dinâmica no seio da psique, seja ela individual ou familiar.

(Depois de Freud, para não pensar apenas em sua definição do ego, como em suas páginas sobre o bloco mágico, P. Federn, depois D. Anzieu são, sabe-se, daqueles que melhor mostraram que *a vida dos limites é uma condição da vida de dentro*).

CONTRASTE

Podemos enunciar agora que o édipo é quem trabalha no seio dos limites atribuídos à psique, enquanto o ant'édipo é quem trabalha sobre esses limites mesmos (e que, às vezes, vai ultrapassá-los). Podemos então, numa primeira abordagem, opor por contraste a trajetória do édipo e o território do ant'édipo.

Do lado do édipo estão, sabe-se: a objetalidade; a ambivalência; a bissexualidade; a cena primitiva; a cadeia fantasiosa; a castração e o superego. Enquanto do lado do ant'édipo se encontrarão o narcisismo ultrapassado; o regime paradoxal; o autoengendramento; a brancura fantasiosa; a onipotência e o ideal do ego.

Quanto à cenografia do édipo, direi como anteriormente:

> "O que quer que faça o ego ordinariamente, e tão transformável, tão regressivo mesmo que possa ser o imageário fantasioso edipiano, essa coreografia da psique não deixa de se desdobrar nos limites de uma cena que ela não transgride. Neste enquadre estão inscritas a cena primitiva bem como a diferenciação dos sexos. Neurotizado, até mesmo perverso, não se sai daí. Um dos sentidos do artigo de Freud sobre a cisão do ego no fetichismo (1927, 1938-1940) é que por mais que o ego negue por um lado que exista uma castração feminina, por outro lado não pode

senão reconhecê-la. Se então o ego se cinde, é porque ele não saberia completamente sair do enquadre onde estão consubstancialmente inscritas suas evoluções fantasiosas. Pois o ego se funda sobre as fantasias que lhe são prometidas: sobre todas essas, mas somente sobre essas.

Ora, essa tela edípica onde se tece o ego, é próprio dos esquizofrênicos atravessarem seu enquadre. O édipo esquizofrênico é menos uma incursão nas mais primitivas camadas do édipo do que uma excursão fora do tecido edipiano; o ego se abre, então, a horizontes de tal forma distanciados que eles são abolidos" (RACAMIER, 1970; 1980, p. 135).

ANT'ÉDIPO AO ENCONTRO DE ÉDIPO

O édipo *no* seu enquadre; o ant'édipo *fora* do enquadre e do tecido edípico: esta oposição (que foi a minha) é certamente um esquema e ele nos servirá até o momento em que nos aperceberemos que deva ser remodelado.

O que nos aparece à primeira vista, é bem a vertente antiedípica do ant'édipo.

> Em muitos aspectos minha própria elaboração reencontra, pois, ou recorta os importantes trabalhos de Bela Brunberger sobre a função antiedípica exercida em certos casos pelo paleonarcisismo exacerbado (cf. GRUNBERGER: *Narcisse et Anubis*, 1989).

Sob este ângulo, o ant'édipo constitui a construção psíquica destinada a perenizar a sedução narcísica e a barrar ativamente o caminho da psique em direção à emergência edípica.

Tratar-se-á de prevenir o luto fundamental e evitar de antemão as angústias de separação; de preservar essa onipotência primordial que é cultivada indivisa com a mãe; de perpetuar a proteção para-traumática precoce do ego e de transformá-la em uma possante muralha defensiva erigida contra o impulso das excitações pulsionais, o assalto dos excitantes exteriores, os impulsos próprios do crescimento, a conflitualidade, edípica em particular (a qual encabeça toda conflitualidade). Como defesa *preventiva*, ela terá, quanto ao édipo, de prevenir os desejos edípicos, a inscrição fantasiosa da cena primitiva, a emergência da angústia de castração; tratar-se-á de fazer obstáculo às angústias ativadas pelas três diferenças essenciais da vida: a das gerações, a dos sexos e a dos seres.

A esse respeito, o ant'édipo, em seu absoluto, constitui sem dúvida uma das formas derradeiras da defesa contra a ferida (narcísica) e a excitação (pulsional) geradas no seio do conflito das origens pela atração (antinarcísica) do objeto e pelo reconhecimento da diferença dos sexos e das gerações.

Formidável programa este! Que força para o colocar em marcha; que potências para fazê-lo avançar; por quais imensas engrenagens defensivas e narcísicas! Mas também, ao preço de quais sacrifícios! E enfim, em quais condições? Elas são familiares; reservemo-nos de examiná-las mais adiante.

O ANT'ÉDIPO: UM ESTILO

Uma questão a princípio indecisível – Um segredo
de Ant'Édipo – Olhar sobre um olhar – Fazendo-se
a pele – Anorgasticamente seu... – Contrapeso
ou guardião – Uma herança, ou duas.

A capacidade defensiva do ant'édipo, nós a percebemos, mas gostaríamos agora dela nos afastar; gostaríamos de captar o registro específico do ant'édipo: seu estilo. O leitor me perdoará esboçá-lo a grandes traços; distingo esses traços, mas eles formam um todo; distingo-os, mas mantêm e manterão sempre certa *desfocalização*: seu selo de ambiguidade.

ORIGEM: ORIGENS

O ant'édipo nasceu no seio do conflito das origens. Este, diz-se e se disse, tem por função organizar entre elas as tendências adversas à diferenciação e à indiferenciação. Sabe-se igualmente que não é um simples momento do desenvolvimento, destinado a se desfazer após o uso, como um andaime (fora os casos de persistência rebelde e patológica). Não: é uma constante, e sempre conservará suas propriedades fundamentais.

Trata-se das origens do ego, do objeto e do mundo. Tudo nos prova que elas são correlativas (e assim permanecem ao longo da vida da psique). A questão das origens é a de saber *quem começou. O primeiro segredo do ant'édipo reside em que a questão das origens não conhece resposta única: ela conhece muitas delas.* Ao extremo, ela *não se decide*: ambígua, lhes digo. Está na natureza do ego, se ele é sadio, não se contentar apenas com uma só resposta nem com uma só construção fantasiosa. Ele não se contentará também unicamente das realidades da biologia, nem unicamente das construções da genealogia.

CRIAÇÃO

Assim o ant'édipo tem menos a ver com o desejo e a possessão do que com a descoberta e a criação; menos com os objetos parciais procurando apaziguamento ou gozo do que com um mundo a construir, isto é, a *criar*. Atingimos aqui a área da criatividade pela qual tantos autores se interessaram. Mas podemos dizê-lo uma vez mais: o outro segredo do Ant'Édipo é que a *psique recebe o que ela inventa e cria o que ela encontra*. Que os dois movimentos coexistam, e isto será, para o melhor da alma, o que chamaremos mais adiante o ant'édipo bem temperado; mas que um desses movimentos procure à força levar a melhor, e será então o que já percebemos no combate por vezes encarniçado de Ant'Édipo contra Édipo.

É aqui que reencontramos com toda potência e profundeza a dupla complementar retomada por Freud, entre a aloplastia e a autoplastia. Era a respeito de delírio: é a respeito de criação.

> Uma observação, de passagem, a respeito de criação. Não se conhece nunca totalmente exatamente aquilo que se criou: uma parte de incerteza se prende a toda coisa criada, e, sem dúvida, é preciso delirar para se convencer do contrário. A expressão popular: "*Conheço-o como a palma de minha mão*" encobre, portanto, uma bela parte de ilusão.

Quanto a conceber *toda* criação como uma reparação, deixo isso a outros.

OLHARES SOBRE O BEBÊ

Retomemos agora a peregrinação habitual junto ao bebê. Se nossas observações precedentes não são pura e simples filosofia, então vamos ver suas forças em ação ao vivo e corporalmente.

Há, lembremo-nos, nuance *e* complemento entre a alucinação do desejo do seio e a invenção global do real. Uma e outra se reencontram quando se observa o que se passa, ao mesmo tempo, de diferente e complementar, entre a boca sugadora do bebê e seu olhar mergulhado no da mãe, que o olha.

Quis-se por muito tempo ver nesse olhar do bebê mergulhado no rosto e no olho da mãe uma sucção (como a do seio), e nesses olhos uma outra boca aspirante. Erro, a meu ver: o olho e o lábio não têm as mesmas tarefas. A pulsão passa pela boca, mas o investimento ant'edípico originário passa em outro lugar: pelo olhar; e também pela pele. A pele envolve, e o olhar também: o olhar do bebê se empenha em envolver mais do que em sugar ou em penetrar. *O olhar e a pele constituem no corpo aquilo que mais se ocupa com o trabalho das origens.* (Creio que nem F. Pasche, nem sobretudo D. Anzieu me contradiriam neste ponto). Será aliás interessante verificar se as fantasias originárias estão bem religadas às configurações corporais do envelope e do olhar.

Seja como for, estas muito breves observações poderiam nos conduzir a dizer que: quando a boca do bebê trabalha no seio, seu olho trabalha no mundo.

ZONAS, LIMITES E ZONAS-LIMITES

Toda organização psíquica, sabe-se, tem suas zonas corporais de predileção: referências originais.... No registro das origens retornam essas zonas e funções que nós acabamos de encontrar.

A *pele*, primeiramente: contato e eu-pele. O envelope cutâneo serve igualmente de modelo para o envelope familiar. Mesmo a *identificação adesiva*, cuja noção foi sem dúvida inchada, poderia vir alimentar nosso propósito.

Quanto ao *olhar*, o bebê, como se viu, relaciona-o à pele. A mitologia também: veja *Medusa*, sucessivamente visitada por Freud, por Pasche... e por Racamier; Medusa com sua carapaça de escamas tão contrária a uma pele pronta à carícia e ao contato, e com seu olhar que, longe de envolver, penetra e petrifica: a *anti-pele* e o *anti-olhar* de uma *anti-mãe*.

Acrescentarei a *respiração*. Não representa ela, do começo até o fim da vida, um papel de trocas essencial entre o dentro e o fora? (Há muito tempo interessando-me pelo estudo psicanalítico da respiração, eu a ligava, lembro-me, à oralidade; mas isto não basta).

Como muitas vezes, é a patologia que nos ilumina. Lembremo-nos que problemas cutâneos e problemas respiratórios se encontram muitas vezes associados. Creio em algo mais: creio que esses sofrimentos vão de par com uma alteração sutil e profunda do sentido de si e da *ancoragem nas origens*. Nós nos surpreenderemos por isto?

As diferentes funções do corpo que se acabou de evocar – e sem dúvida voltaremos a elas – apresentam três ou quatro particularidades em comum.

- Os investimentos essenciais são, como se viu, investimentos de *contato*: evidente para a pele; demonstrável para o olhar; mais dificilmente discernível (mais aéreo...) e, no entanto, provável para a respiração.
- Esses investimentos trabalham sobre os *limites*: limites do corpo, limites entre um fora e um dentro, limites da psique.
- Igualmente trabalham a serviço do *sentido do real* e do *sentido de si*. Nada de surpreendente, em seguida, a que estudando como Federn os limites do ego, ao mesmo tempo abarque-se o investimento do real.
- Enquanto o ant'édipo trabalha sobre seu registro de origem, que é o dos limites, ele sustenta o *ego*; é quando, excedendo esses limites, ultrapassando-os, transpassando-os, ele deles se evade, e, então, ele desenraiza o ego.

Enfim, esses investimentos têm todos juntos uma qualidade evidente: eles não se prestam ao orgasmo.

INVESTIMENTOS IMÓVEIS: UMA ENERGIA NARCÍSICA?

É que todos eles têm uma qualidade particular: mais difusos que centrados; mais voltados para o ser do que para o ter (ainda o contraste entre o seio e o olhar...); e mais orientados para a manutenção de uma tensão imóvel do que para a descarga, com variações de amplitude bastante fracas. E de intensidade moderada: uma energia sem alvo e sem poder orgástico.

Essencial: o regime econômico do ant'édipo é um regime em princípio anorgástico. (Digamos, no entanto, de passagem que quando o orgasmo vem aí se meter e quando o incesto se insinua na sedução narcísica, então, a porta se abre escancarada sobre as piores escaladas do ant'édipo adoecido).

Poder-se-á falar de investimentos de apoio? Esta noção permanece, é verdade, passavelmente desfocalizada e flutuante, ao menos enquanto não reatada a seus correspondentes corporais: a pele, justamente, o olhar e o contato.

Mais provavelmente nós os reataremos aos investimentos *narcísicos* – se, todavia, admitimos (com Grunberger, e isto me parece evidente) que o narcisismo designe menos a orientação dos investimentos (centrípeta) do que sua *qualidade* (imóvel, justamente).

EXTENSÃO – POLARIZAÇÃO

Do que precede resulta naturalmente que o ant'édipo (com seu singular "aparelho" fantasioso com o qual travaremos conhecimento em breve), tem enormemente tendência a se propagar, a se difundir, a se espalhar. Nós o veremos conquistar famílias inteiras: nós o veremos *familiarizar-se*. Toda família é ela mesma um objeto. Ela nunca o é com tanta plenitude (e às vezes com obscuro encarniçamento) como em torno de suas construções ant'edípicas. E a estas, de se mostrarem capazes de exercer uma fascinação quase-contagiosa.

Esta tendência extensiva tem seus contrapesos naturais. (Duplo corretivo: acreditei que havia apenas um, apercebo-me com a reflexão que existem dois deles; e deixaremos em suspenso a questão de saber se eles têm verdadeiramente função de contrapeso, ou ao contrário, de guardiões). Primeiramente vem sua tendência à polarização: a fantasia ant'edípica, tendo-se espalhado através de toda a família (e às vezes de um grupo inteiro), será representada, encarnada, por um de seus membros; descreverei esta vedete (vedete às vezes sofredora, mas ainda assim vedete) sob a apelação de *figurante predestinado*.

A outra tendência vindo a se encaixar na propagação do ant'édipo consiste no espessamento e no endurecimento do invólucro familiar, no seio do qual ele se extravasa, e se fecha.

Não fiquemos surpresos se a observação nos mostra que quanto mais o ant'édipo manifesta virulência para se propagar, mais serão vigorosos os processos de polarização e de emparedamento; e não saberia dizer se esses processos contêm o ant'édipo ou se em vez disto eles o preservam...

CONFLITO DE ANT'ÉDIPO? HERANÇA...

Saberemos no fim se Ant'Édipo é, corretamente falando, o objeto de um conflito? O que distingue a organização ant'édípica do conflito edípico, nós indicamos precedentemente; até mesmo forcei o tom mostrando o ant'édipo sob a sua face mais defensiva. (Mas compreendemos agora que Ant'Édipo é de acordo com a imagem do eterno Janus...)

Mesmo que seja verdadeiro que o ant'édipo organize relações binárias e não fundamentalmente triangulares; mesmo que seja verdadeiro que ele se exerça sobre o enquadre da psique mais do que em sua arena; e mesmo enfim que seja verdadeiro que o ant'édipo seja capaz de obrar no sentido da conflitualidade, nem por isto, a seu modo, com seu estilo e sua economia, suas origens e seus alvos, seus objetivos e seus meios, o ant'édipo deixa de constituir uma forma específica de conflito: o único, dizia eu, cujo reconhecimento nos permite compreender tanto as raízes naturais do ego, quanto os seus mais acrobáticos expedientes, sem ter que mergulhar numa escalada sem fim em direção às profundezas.

Uma prova, se fosse preciso uma: enquanto o édipo tem seu herdeiro bem conhecido, que é o superego, o ant'édipo tem ele também seu herdeiro: o sentimento do ego.

E se nos for preciso evocar a patologia, será rapidamente: o herdeiro de um édipo insatisfatório é um superego selvagem; o herdeiro de um ant'édipo cambaio é uma ideia do ego monstruosa. A observação mostra além do mais que uma herança não impede a outra...

DA FANTASIA DE AUTOENGENDRAMENTO

Uma família idealmente autoengendrada – Pais não combinados – Origens invertidas – Uma conexão cósmica – Uma fantasia-não-fantasia – Denunciado por seu enunciado – Recusa contagiosa e devastadora – Um rio em cheia – Essas duas coisas que se sabe da vida – Eine Urfamilie[3]... – Temível vedetismo – Encontro com Ant'Édipo em pessoa – Iluminações e vislumbres – Embriaguezes, êxtases e brancuras – Espantos e conquistas – O pressentimento de uma sombra – O pressentimento de um vislumbre.

Toda a família estava reunida. Inclusive aquele nessa família que manifestamente se encontrava em estado de sofrimento.

O uníssono aparecia sem falha. Nem uma nota falsa. Dir-se-ia uma máquina perfeitamente lubrificada. Ronronava-se no fatual. Relatavam-se lembranças que eram impossíveis de discernir a quem precisamente diziam respeito. De passagem, "desbancavam-se" alguns terapeutas, que haviam se mostrado, parece, incapazes.

Fatos. Alguns falíveis. E ainda fatos. Nem uma única fantasia no horizonte: o deserto. E nada sobre o "doente".

Um mal-estar surdo surgia em nós como uma bruma. Insensivelmente, voltávamos a nos perguntar quem nessa família era de uma geração e quem era de outra. As atribuições pareciam transformar-se na mesma frase ou no mesmo fôlego,

---

3 Em alemão no original: Uma família originária. (N.de T.)

em virtude de uma espécie de derrapagem que subvertia sem resistência o relevo das gerações.

De onde vinha essa família? Parecia que ela vinha de lugar nenhum; que ela vinha apenas dela mesma. Dirigia-se ela apenas aos terapeutas? Dir-se-ia que ela falava apenas para ela mesma.

Era a família do autoengendramento...

Não se descobria nela fantasia em circulação. Mas havia uma, oculta, que as ocultava todas?...

UMA FANTASIA ORIGINAL

Organização complexa, o ant'édipo será dotado de fantasias? Elas serão singulares; elas o serão ao mesmo tempo por seu texto e por sua textura. Começaremos pela vertente mais escarpada.

Sua função essencial já nos é conhecida: apaziguar no sujeito as feridas ligadas ao conflito das origens (o *"mal do objeto"*). Seu alvo comum: assegurar-lhe o domínio de suas origens.

Falo disso no plural. Na verdade, há apenas *uma* fantasia central: a do autoengendramento. Essa fantasia central comporta um complemento que será como sua sombra.

Nada de mais simples a definir – ao menos à primeira vista – que o autoengendramento: ele consiste na fantasia de *ser para si mesmo seu próprio e único gerador*. Percebe-se logo sua singularidade: ele não se reduz a nada conhecido. Porque ele nivela, até mesmo anula a diferença das gerações: o sujeito se coloca no lugar de seus próprios genitores. Os dois confundidos em um: a diferença dos sexos está abolida, assim como a das gerações. Seria preciso pensar na *fantasia dos pais combinados*; com o risco de repeti-lo mais adiante, afirmo desde agora que a f.a.e. (colocando as iniciais) vai mais longe: ela não combina, ela *vira ao avesso*: as gerações são reviradas como luvas.

Além do mais, ela se propaga; vai mais longe no tempo e no espaço. Extensões pouco resistíveis. (Compreendeu-se bem que, limites, não há mais aqui nenhum que se mantenha). Extensão no passado: as gerações são abolidas; absorvidas. Junto com essa espécie de fagocitose, que é própria dos investimentos narcísicos, os pais (sua sombra ronda ainda assim nas paragens) estão incluídos no autoengendramento: eles mesmos juntam-se a ele igualmente. Quanto à extensão no espaço, ela vai por si mesma: quem se criou, criou o mundo. Pode-se sonhar apenas com Deus. E medir assim toda a onipotência que se exerce no autoengendramento.

ENTREATO

Mas tenhamos um instante de trégua. Desde o tempo em que a noção de ant'édipo e do autoengendramento me veio à mente, pude não apenas colocá-la à prova e precisá-la melhor, mas também, confessá-lo-ei simplesmente, fazer-me nela. Pois suas primeiras aparições me fizeram ressentir com força esse curioso amálgama de estranheza e de familiaridade que se prende às noções descobertas recentemente, e a esta mais do que a qualquer outra. Tanto que não ficaria surpreso se o leitor o experimentasse por sua vez. Não ficaria surpreso que ele se espantasse; ou que se indignasse; que repelisse esse monstrinho; ou que procurasse reduzi-lo a algum animal mais familiar. Não tratar-se-ia da fantasia bem conhecida de partenogênese? (Mas isto é o fato de uma mulher que entende não precisar do pênis de um macho). Ou então simplesmente da fantasia edípica da criança, tomando o lugar do pai ou da mãe. Mas não! A fantasia do ant'édipo não é de tomar o lugar dos pais, é de colocar-se *antes*; de torná-los inúteis. Não é também de transformar a cena primitiva, não: é de anulá-la; e não é também de intervir retroativamente na cena primitiva a fim de dirigi-la (como se passou num filme recente e astucioso, onde se vê o filho, voltando no tempo, provocar ele mesmo o encontro aleatório de seus pais a fim de que eles não deixem de se unir e que ele mesmo não deixe de nascer – mas esta é apenas uma maneira retrocessiva de se introduzir na cama dos pais).

Não! A f.a.e. não saberia se reduzir a nenhuma das figuras imaginárias do romance familiar. Deste enquadre, ela se evade, ela se exclui.

É preciso, portanto, dizê-lo claramente: essa fantasia é *louca*. Mas é justamente nisto que ela é *verdadeira*. É preciso ser louco – *e isto enlouquece* – para nutri-la *acima de tudo*.

RETORNO À FONTE

Ser-me-á permitido talvez citar o que eu dizia do ant'édipo quando o apresentei pela primeira vez. Ninguém conhecia nada ainda dele. Acreditava-o, então, totalmente consagrado à esquizofrenia. (Enganava-me). Introduzia-o com ardor, e com prudência. Que se julgue.

> Mencionava inicialmente (nós o sabemos agora) que "o ant'édipo será mais, e menos, que uma regressão. Em uma palavra, ele é uma transgressão: um édipo subvertido pela sedução narcísica – um édipo louco". Acrescentava: "É preciso agora convidar o leitor a se imaginar o inimaginável; a tentar uma hipótese clínica aventurosa, incerta e enfim discutível; a representar-se um quadro que teria por propriedade desqualificar a representação; um édipo trabalhando para a neutralização do édipo; uma fantasia, enfim, que seque a fonte das fantasias: uma fantasia *anti-fantasias*, ou a *antimatéria* das fantasias. É o seguinte: o sujeito, macho, se coloca no lugar de seu pai engendrando-o ele mesmo.

E ainda: "Pai da criança que ele é, criador e criatura, Ant'Édipo é autoengendrado. Não tinha eu advertido que o ant'édipo é um édipo louco?" (RACAMIER, 80, p. 138).

(Veja, aliás, como tinha – ainda – tendência a restabelecer a f.a.e. a um denominador familiar: eu falava de pai. Mas trata-se somente de pai? De mãe, talvez? E ainda…)

UMA FANTASIA INDIZÍVEL

Não somente a fantasia de autoengendramento é louca, mas ela é *inimaginável*: além do imaginável. E mesmo propriamente indizível. Com apenas algumas exceções, e deixando de lado casos terapêuticos, a fantasia de autoengendramento não se formula. Talvez não tenha palavras para se pensar. Recalcada? Não creio. Recusada? Talvez. Só se revelará com o tempo. Ela não será nunca dita. Dela só perceberemos ecos, brotos, derivados saídos eles mesmos de compromissos com outras frações da psique individual ou familiar. Seu reino: o oculto. Seu regime de predileção: o segredo.

> No entanto a célebre declaração de autoengendramento formulada por Antonin Artaud (em *Ci-gît*), tão ilustrativa que a cito em epigrafo, poderia muito bem contradizer o que afirmo. Aí está uma fantasia de autoengendramento que emerge e se descobre, sem disfarce e sem sismo. Onde está então o indizível? Sismos, Antonin Artaud os terá, portanto, conhecido. Pode-se apostar que escrevendo essa profissão de fé (a fé ant'edípica…) ele fazia uso do que ele havia podido viver no mais profundo dele mesmo, mas tendo-se então desprendido desse deslumbramento. Você pode imaginar que não se escreve quando se banha em cheio na panela fervente do autoengendramento. Não somente não se saberia escrever, mas nem mesmo pensar. E é escrito, é porque se conseguiu exaurir-se. De resto, os mistérios da criação poética estão bem nesta possibilidade de vai-e-vem, de *conexão*, entre o inefável e o escrito.

UMA FANTASIA-NÃO-FANTASIA

A questão agora se coloca: o autoengendramento forma uma verdadeira fantasia? Não creio; não creio que ele tenha a textura de uma fantasia. Na acepção à qual ficamos ligados, a fantasia é uma produção inconsciente da vida psíquica; ela está nela contida. Ela emite derivados; produz descendentes; evolui; as fantasias se organizam em uma rede cujo equilíbrio muda, da qual certos nós são ativados (investidos) um de cada vez, ao sabor do crescimento, dos encontros e dos acontecimentos (ativados, se dão às vezes no presente, mas mais frequentemente posteriormente). Enfim, nós podemos aderir à tese defendida outrora por Laplanche e Pontalis, tese que condenso em meu proveito anunciando que a fantasia das origens, ela mesma centrada sobre a cena primitiva, está na origem das fantasias sucessivas.

Ora, o autoengendramento tende naturalmente a ultrapassar os limites da vida psíquica; se ele se assenta sobre as origens, não é para recuá-las, é para ultrapassá-las. De forma que além do autoengendramento, nada mais exista. De resto, poderemos ainda mais facilmente conceber que o autoengendramento ultrapassa a área de permanência das fantasias, na qual sem dúvida ele nunca entrou. Ele está abaixo do nível das fantasias: subliminar. É preciso, no entanto, situá-lo. Não podendo nem lhe conceder plenamente a qualidade de fantasia, nem lhe recusar totalmente; proponho aqui considerá-lo como uma *fantasia-não-fantasia*.

Como acabo de afirmar sucessivamente que o autoengendramento:

- não é uma fantasia já conhecida,
- e não é uma verdadeira fantasia,

devo evidentemente esperar que os espíritos conformistas me objetem que ela não existe…

UMA RECUSA DE ORIGENS

É tempo de explicar o indizível e de suprimir um enigma: essa fantasia de autoengendramento, em suas afirmações literalmente desconcertantes (não surgem elas do entendimento da psique?), é antes de tudo o produto de uma *recusa*. (É, aliás, uma lei geral, que toda afirmação de ordem categórica procede do *não* mais que do *sim*). O que o autoengendrador recusa é que suas próprias origens lhe sejam exteriores; é que ele tenha uma dívida, uma dívida vital: é que ele deva a vida a outros que não ele mesmo; ele a deve a seus pais, ela germinou no seio de uma cena primitiva.

> Não estaria certamente errado objetar aqui que a criança não tem nenhum conhecimento dos processos biológicos da procriação; a esse respeito, alguns adultos também não sabem muito. Mas o que importa! Não ter-se-ia também razão em levantar esta objeção. O que conta não é evidentemente o conhecimento anátomo-fisiológico. O que conta de verdade é essa espécie de pré-ciência que normalmente vem à criança, porque ela normalmente circula *no seio das famílias* e *no espírito das mães*. Esta pré-ciência admite duas coisas essenciais:

- cada um deve sua própria vida a outros;
- nenhuma vida se deve a uma só pessoa.

Ora, dever sua vida a outros que não a si mesmo, tal é propriamente o centro, o núcleo da recusa da qual emana a fantasia de autoengendramento. Fruto glorioso (e devastador) da recusa das origens, Ant'Édipo reinará, sobre uma tábula rasa. Compreende-se, então, porque é uma não-fantasia; porque ela ascende irresistivelmente a escala (abolida) das gerações.

E porque, enfim, em certas famílias, ela é o objeto de uma difusão tão fulminante. Contágio, certamente, mas subterrâneo. Sabemo-lo já: o autoengendramento não trabalha a céu aberto. Ele age, mas não se diz. *Se ele se enuncia, ele se denuncia.* É bem nisto que ele não é uma verdadeira fantasia; é também porque os sujeitos e as famílias que o nutrem o preservam a todo custo: o segredo garante sua sobrevivência; e por fim, é porque *sua economia se põe a mudar desde que se consiga expô-lo.*

Ele traduzir-se-á, portanto, mais do que dir-se-á. Ele traduzir-se-á por brancuras. Vacuidades. Faces essenciais da vida psíquica individual e familiar se encontrarão, por causa disto, ocultas e misturadas: a começar pela ordem e pela diferença das *gerações.*

FAMÍLIAS AUTOENGENDRADAS: FECHAMENTO E DIFUSÃO

Acabamos inteira e naturalmente de penetrar no círculo familiar. Fiquemos aí para observar como se manifestam as duas tendências complementares – extensão e focalização – que atribuímos ao ant'édipo.

A fascinação narcísica (e coletiva) exercida pela fantasia de autoengendramento é tal que ela se propaga como um rio em cheia. Não se deve, no entanto, deixar-se abusar pelas imagens: porque se evoco o poder contaminante do ant'édipo, não se deve por isto tomá-lo por um vírus. Ele não invade evidentemente qualquer um, não pega em qualquer família: ele invade apenas indivíduos cujos egos (pelas razões que já disse) dispõem apenas de uma pequena margem de "manobra"; ele pega apenas em famílias fechadas. A similaridade dessas famílias com os indivíduos é ela mesma surpreendente e significativa: não é corriqueiro de fato, não é ordinário, e para ser honesto, não é normal que uma família inteira funcione inteiramente, exclusivamente, à maneira de um indivíduo. (O que eu assim afirmava em 1973 e que, no essencial, penso ainda, não invalida de modo algum as leis reconhecidas da dinâmica familiar: toda família é um todo; as famílias ant'édipicas são blocos). Não menos notável e sintomático: o uníssono que reina entre os membros dessas famílias e os solda numa espécie de magma. "Fechemos nossas fileiras, elas parecem dizer, para afirmar que nossas fileiras não vêm de lugar nenhum. Confundamo-nos uns com os outros a fim de preservar a ilusão de que todos juntos nós, e nós apenas, existimos desde sempre e para sempre". (Sobre as famílias antedípicas e sobre sua mitologia fundamental, é preciso também se referir às pesquisas de Caillot e Decherf, 1989).

Essas famílias, encerradas em sua pele espessa, são como amontoadas, acocoradas sobre o tesouro de um autoengendramento que se pretende sem defeito; únicas senhoras de suas origens (além: o nada), elas não têm, dir-se-ia, ancestrais; ou então, ao contrário, parecem conhecê-los *como se elas os tivessem feito*: maneira sutil de devorá-los...

É tacitamente entendido em seu seio que uma tal família é originária, isto é, desprovida de cena originária ("Eine Urfamilie ohne Urszene"[4]). Ninguém o afirma e ninguém o contesta: uma mitologia que se cala.

A economia de uma tal família (sua homeostase) é ao mesmo tempo rígida e frágil. A manutenção de seu equilíbrio é aleatória; seu sentimento de força interior, que pode ser imensa, está exposto às avarias; ele depende de condições terrivelmente imperativas: o casulo familiar não deve deixar de constituir uma clausura sem falha; a fantasia de autoengendramento familiar deve permanecer unânime e sem defeito. Assim, e assim somente, será preservado o sentimento de unidade da família e de identidade de seus membros.

Mas a esta aparelhagem é preciso ainda um *ferrolho*. Nós iremos travar seu conhecimento.

---

4 Em alemão no original: "Uma família originária sem uma cena primária". (N. de T.)

FAMÍLIAS AUTOENGENDRADAS: O FIGURANTE PREDESTINADO

Todos os membros desta família são habitados pela mesma fantasia de autoengendramento, mas um dos membros é implicitamente encarregado de encarná-la: ele será o portador eletivo, o figurante-vedete; ele será o que chamo de *figurante predestinado*.

Que ele seja esse figurante predestinado, o herói das origens (narcísicas) da família, o portador do "gene" familiar, o arauto do gênio familiar, nem ele mesmo nem ninguém na família é consciente disto nem o enuncia; ninguém o afirma e ninguém o contesta; ninguém sabe e ninguém se espanta com isto: tudo é não-dito, até mesmo não-pensado. Vedete oculta, herói sem sabê-lo, o figurante eletivo se sente, entretanto, na pele de um herói; dir-se-ia içado sobre seus próprios ombros; ele é único; mas levado pelo único poder familiar: figurante, certamente, mas figurante...

Acontece a esse figurante realizar uma carreira brilhante: dir-se-ia, então, levado pelo ideal familiar do qual ele mesmo é portador. Acontece-lhe também decair; conhecemos sujeitos que mudam de figura (em esquizofrenia) de um a outro caso. ("Ele está doente, doutor, mas era o melhor da família... e talvez seja ainda...") Mas que importam, então, as aparências: não importa o que ele se torne, o figurante permanece predestinado; ele continua a encarnar o ideal e o gênio das origens de uma família que se pretende completamente autossuficiente e autoengendrada. Como surpreender-se que essa família, não importa o que ele faça, tenha necessidade dele: sua função não conta mais do que sua saúde?...

Encontraremos mais adiante o figurante predestinado, nas fendas do uníssono familiar; é lá que as infelicidades o esperam. Perguntemo-nos primeiramente: predestinado, por quê? Uma escolha mútua inconsciente se operou na família. Essa escolha obedece à fantasmática materna. A mãe tem um ídolo, aparentemente edípico: seu pai; esse herói paterno faltou: ele enfraqueceu, ele morreu; ele, então, foi ainda mais idealizado. Esta mãe tem um filho; ele é o único ou o mais velho; ele lhe pertence; é então que para ela ele vai ocupar o lugar ao mesmo tempo do pai, do pai do pai, do filho e do marido. Assim, o figurante será entronado: Ant'Édipo, é ele. Papel esmagador, que poderá lhe custar a saúde, e a vida.

Predestinado, ele o era então, desde antes de nascer, a tornar-se o arauto das origens da família.

PROCESSO DE ACENDIMENTO

"E a economia, perguntar-me-á, aonde vai, então, a economia nesse negócio?"

- Vou lhe fazer uma confissão: ela é essencial. Indivíduo ou família: é essencial avaliar a economia da fantasia de autoengendramento. A que altura, que poderio e que temperatura é investido? Porque a distância é imensa entre o pouquinho de fantasia que dormita e a labareda de autoengendramento que fulmina. É claro, o autoengendramento pode permanecer por muito tempo escondido na sombra da psique antes de receber de súbito um empurrão que o faz queimar. Pensar-se-á, quando ele sai da sombra, que ele não existia antcs? Não: ele estava evidentemente lá; é seu investimento que mudou.

Nada de novo, em verdade, nesse processo; eis que há muito tempo conhecemos esse fenômeno de acendimento a propósito da fantasia de castração: germe por algum tempo inativo, até o momento em que a arrebentação pulsional o leva a seu apogeu.

Assim, também veremos logo a fantasia de autoengendramento se inflamar em seu figurante predestinado.

Mas deixemos este aí dormitar, enquanto ele não conhece ainda o destino que o espera. (Quem lhe é prometido?). Quanto à força propulsiva da fantasia, ela provém do sobressalto narcísico e da energia da recusa emergidos, desencadeados por qualquer falha em seu ideal, no seio das famílias autoengendradas. Tal violência não se encontra aí onde a recusa não reina, e é o que nós conheceremos com o ant'édipo bem temperado.

UMA FANTASIA SEM LIMITE E SEM DESCENDÊNCIA

É tempo de se interrogar sobre o vivido correspondente ao investimento (individual ou familiar) da fantasia de autoengendramento. Qual será o investimento cuja natureza é narcísica, cuja economia (como nós vimos) é imóvel e irradiante, cujo potencial é megalomaníaco, e cuja indizível fantasia faz remontar às origens do mundo?

Será a *embriaguez*: uma embriaguez autossuficiente.

Um grau a mais no investimento do autoengendramento (e na fuga desvairada da angústia e dos conflitos) e será o êxtase. Alguma coisa, de fato, como o Nirvana: a luta ant'edípica contra a conflitualidade terá produzido o fruto venenoso de uma espécie de morte (uma toxicomania gratuita?...).

> Um esquizofrênico muito discreto, de atitude rígida, com olhar aguçado, quando ele consegue imobilizá-lo num paradoxo bem amarrado, formidavelmente soldado a sua mãe, errando durante dias por ruas desconhecidas, assegura-me que está saturado de sua mãe; há, diz ele, 22 anos que a conhece.
>
> — Mas – digo eu com uma fingida inocência, e sabendo que ele tem 27 anos – eis que são 27 anos que ela é sua mãe.
>
> Ele me olha sem responder, com o olhar que se lança a quem não compreende nada. Depois seu olhar se mantém lon-

gamente, se ausenta, se liquidifica: insondável, com um toque de êxtase.

O olhar de Édipo com 5 anos para sua mãe? Ou antes o olhar de Ant'Édipo no amanhecer indizível do mundo...

Um grau acima do êxtase: a isto voltaremos mais adiante.

BRANCURA E DEGRADAÇÃO FANTASMÁTICAS

Matador de fantasias, disse eu sobre a fantasia do ant'édipo: o autoengendramento não tem descendência e não a admite. De fato, junto com o poderio propulsivo (ilimitado, poder-se-ia crer) que ele deve à onipotência e à recusa que lhe servem de carburante, a f.a.e. tende a secar a fonte das fantasias, a pasmar a vida fantasiosa.

Alguma coisa de desconfortável, de desarranjador se desvencilha de tal vacuidade. Indivíduo ou família: dir-se-ia uma caixa que soa o vazio. Nada mais inquietante a ladear que esse silêncio. Nada: nem mesmo as mais violentas e mais cruas fantasias. Ora são justamente estas aí que escapam à sideração fantasiosa induzida pelo ant'édipo. Mas fantasias não elaboradas, fantasias degradadas, escorregadias, isoladas, estranhas e cruas sobre a cena deserta da psique: não é o édipo, é o incesto; e não é a castração, é a emasculação.

Notar-se-á:

- que essa degradação do registro fantasioso (típico, no meu entender, do reino ant'edípico) mostra-se flagrante em caso de psicose;
- que ela pode operar no seio de uma família inteira.

  O que precede nos fez perceber sob um ângulo novo a evasão fantasiosa muitas vezes descrita (nos psicóticos) e muito simplesmente atribuída a uma espécie de incontinência do inconsciente.

Por outro lado, uma confirmação de nosso argumento deve ser retida da observação e da reflexão efetuadas por Donnet e Green em *l'Enfant de Ça*: vê-se aí que a desfocalização de origem incestuosa dirigida sobre os genitores do sujeito tende a pasmar sua própria vida psíquica, e esta estupefação é tão poderosa que ela tende, por sua vez, a desbotar a atividade mental do observador clínico.

AO REDOR DE ANT'ÉDIPO

Nós olhamos a brancura siderante dos autoengendrados (indivíduos e famílias). O que se percebe ainda? Três faltas: a das gerações, a da dependência e a da transferência verdadeira.

Um fenômeno se solta bem naturalmente da predominância esmagadora do autoengendramento, e mais precisamente da recusa das origens que o propulsiona: o da *confusão das gerações*. Nos propósitos de um sujeito, bem como de uma família (em seu discurso, diriam os estafermos...), exerce-se uma insidiosa e difusa subversão da ordem das gerações. Na vida psíquica habitual de uma família ou de um indivíduo, a transposição em fantasia da fronteira das gerações é organizada e vivida como um arrombamento, uma transgressão. A de Édipo não fez toda uma história? Nada de semelhante aqui: admitamos que desde que as origens sejam negadas, as gerações se tornam bem naturalmente *intercambiáveis*. A genealogia permanecerá certamente conhecida, mas não terá mais sentido... nem alcance.

Daí vem ainda, e vem enfim, que nem os sujeitos nem as famílias em quem o ant'édipo reina sem partilha admitem fazer uma *transferência*. Eles efetuarão um investimento, estabelecerão uma relação, exercerão interações, mas nada dessa agitação toda tomará forma de verdadeira transferência. Da transferência, de fato, eles se defendem: assim o quer a autossuficiência do autoengendramento. (Não crê você que tenhamos aí um dos segredos da *transferência-não-transferência* dos psicóticos?)

Ondas de brancura em torno de um coração indizível: isto não se ouve, mas faz barulho. Tanto mais que a cercania reage. Ela não discerne, mas pressente. "Respostas" se desenham em volta do epicentro dessa fantasia estranha, meio louca, e não verdadeiramente fantasia. Conheço duas espécies delas, que vão aos extremos. Ou bem a cercania (a do sujeito ou a da família) é seduzida, conquistada, invadida, *fascinada*; ei-la pronta a entrar por sua vez no raio de irradiação do autoengendramento. Ou bem ao contrário, ela é *impermeável*; ela rejeita, repele, emparelha; põe o sujeito ou a família em quarentena. Seria a resposta dada pelo comum dos mortais à ilusão de autoengendramento que mantém aqueles que se situam fora do lote? "Afinal de contas, dir-se-á, que se virem! Não o quiseram, e fizeram alguma vez outra coisa?". Não se sabe de fato se eles quiseram as infelicidades, mas seguramente eles quiseram a autarcia, e esta resposta em forma de réplica tem alguma coisa de revanche…

Conheço apenas, dizia eu, duas respostas. Não é completamente exato. Há uma terceira, e é a melhor: ela é feita de um sentimento pouco definível de mal-estar e de *estranheza*. É a melhor e é a mais justa, porque, em sua incerteza e em seu balbucio, é bem aquela que preludia o conhecimento da fantasia central do ant'édipo.

Teremos, assim, terminado com o autoengendramento? Seguramente não. Primeiramente, porque há outros processos associados, que ignoro ainda hoje e que se desvelarão um dia. E também por duas razões que conheço: 1) há uma sombra à fantasia de autoengendramento, e nós iremos encontrá-la; 2) há para o ant'édipo uma vertente fecunda, e nós a descobriremos também (mas um pouco mais adiante).

DES-SER
E SE DESENGENDRAR

Uma denominação laboriosa – Um enquadre forçosamente cheio de vazio – Morte e não-vida – Do engendramento – Um posterior com forma de anterior – A alucinação negativa recolocada em seu lugar – Alegoria do desengendramento – Da retirada das origens à arrebentação dos paradoxos.

APRESENTAÇÃO

Quem se criou pode muito bem se descriar; quem se fez, se desfazer; e quem se engendrou, se desengendrar. A questão fundamental permanece a mesma: trata-se sempre para o sujeito de se conferir (em fantasia) o *domínio de suas origens.*

O autoengendramento terá, portanto, seu contrário, seu avesso, sua sombra carregada: será o auto desengendramento. Não poderei falar dele sem repetir o que acabamos de aprender.

Também não ignoro que esse termo é excessivamente complicado. Pior: ele não é bonito. Lastimo. Devo pedir que me perdoem. Meus neologismos são de costume mais bem enfarpelados. Teria eu apenas o recurso de usar uma abreviação: f.a.d.e., por exemplo…

No entanto, o auto desengendramento é o complemento natural do autoengendramento. Todos dois são propriedade do ant'édipo, um e outro vão de mãos dadas. É uma produção original; secreta, difícil de conceber e, por isto, desconhecida; dotada de alvos e de funções; desequilibrável em sua economia; temível em seus excessos, *bem como em suas faltas.*

Porque, para apresentá-lo simplesmente, não dizer que ele está para o antédipo o que a fantasia de castração está para o édipo? Não consiste ele na *fantasia de anular sua própria existência*: de se *des-criar*? Fantasia ativa de ser não-nascido, até mesmo não-nascível, ela traduz a *recusa da origem própria do sujeito*. (Sem dúvida um dos aspectos do complexo de *des-ser*, que eu evocava há pouco: Racamier, 1980).

Voltar para além de seu ser, não mais para comandar sua própria concepção (embora...), mas a fim de anulá-la; voltar não tanto no ovo, mas para além ou para aquém do ovo: tanto imaginar voltar para além do nascimento do mundo, a fim de desfazer a conjunção singular que o faz nascer: como não verificar uma vez mais que o antédipo é bastante inclinado a ultrapassar os recursos usuais do conhecimento e mais ainda da fantasia?

No entanto, o vazio marca mais que o cheio; o desengendramento se mostra um pouco menos obscuro e menos inapreensível que o autoengendramento. Daí vem que muitas vezes é ele que nos coloca na pista.

> Um de meus pacientes, que cito algumas vezes e que me ensinou bastante (chamo-o Jacques) esforçava-se, parecia mesmo encarniçar-se, em me mostrar que ele, sim, ele, ali, não somente não existia, mas não tinha nunca existido; e traçava no ar em torno de seu busto um enquadre imaginário ainda martelando: "Lá dentro, veja, não tem nada! Nunca nada".
> Quando penso nisso, creio bem que, por ter podido pensar isso, por ter podido me dizê-lo e por ter sido escutado, ele *evitou se matar*.
> (De passagem, você pensou no *Chevalier inexistant*[5] de Ítalo Calvino?)

---

5 Cavaleiro inexistente.

Não mais que o autoengendramento, seu avesso não é uma fantasia propriamente dita: antes, uma vez ainda, uma *fantasia-não-fantasia*. Mesmo todo-poderio, de resto: quem se cria ou quem se apaga só pode ser Deus. O mundo desmorona no dilúvio: e tal é ainda o feito de Deus.

PRECISÕES

Mais que o apelo do vazio, o desengendramento trata de dar forma à vertigem *de antes da vida*. É ela de fato redutível a algo outro? Não seria legítimo, e mais simples, de tomá-lo pela expressão de um *desejo de morte*? Não creio em nada disso. Nós o sabemos (mas sabe-se?): *a não-vida não é a morte*; antes da vida também não é a morte; creio antes que se está aqui tentado recorrer à ideia da morte (a despeito do adágio – lembrado por Freud – admitindo que a morte não se representa), é por facilidade do espírito: *a morte é um pouco menos inconcebível que a impensável não-vida de antes da vida.*

A verdade clínica me parece quase oposta: a ideia da morte, o pensamento e o ato mesmo do suicida virão se impor nas almas onde o desengendramento imaginário falha em representar esse papel de balanceiro que lhe é devolvido na sombra de uma psique suficientemente assentada em seu próprio seio.

Tratar-se-ia então de um desejo e de uma fantasia de *volta ao ventre materno*? Também não. O que visa tal fantasia, sabe-se, é a realização narcísica imóvel e presunçosa: uma fantasia antitraumática por excelência. Ora, o desengendramento parece ávido de ir mais longe. Em revanche, a fantasia de ser *não-nascido*, finamente descrita por Claudine Cachard, é o que se aproxima mais do desengendramento que descrevo.

De fato, o alvo evidente do desengendramento (que é já o do autoengendramento), é *intervir preventivamente na vida sexual dos pais genitores: um apreender posterior com a forma anterior.*

A recusa do próprio nascimento, e das próprias origens, é bem uma recusa da sexualidade das gerações anteriores: um antirromance familiar; os pais não são substituídos e nem deslocados: mais uma vez, eles são excluídos.

Desengendramento, autoengendramento: essas duas fantasias, que vão juntas, exercem, portanto, a mesma função. Iremos logo ver que em sua versão bem temperada, ela contribui para o sentido profundo da existência do mundo e de si. Acontece ao contrário que o desengendramento, sem temperar mais nada, sem acrescentar mais nada, põe-se a girar no vazio à maneira de uma roda louca.

Tentativa de voltar ao inanimado e predominância do instinto de morte, teria talvez dito Freud. Excesso de agressão inata e predominância do instinto de morte, teria certamente dito Melanie Klein. Talvez... e mesmo sem dúvida, reconhece-se para o instinto de morte (que poderia, então, ser chamado de outra forma) a função de guardião dos limites e de contrapeso à expansão indefinida de Eros: então o desengendramento emerge a nossos olhos com um papel de balanceiro moderador da proliferação infinita por autogeração...

Parece-me em todo caso que essa vertigem do vazio, esse aparato a vácuo (ele mesmo traduzindo a desestabilização global do ant'édipo) provém *de fato* de um vazio e um verdadeiro: trata-se do *vazio produzido pela escamotagem das gerações na vida psíquica familiar.* Aí onde as paternidades são recusadas, onde os incestos aparecem à flor da pele, aí onde a fantasia das origens é escamoteada, aí onde prevalece, enfim, o *in-engendramento* (o qual está longe de designar um processo, mas bem ao contrário, traduz a ausência de processo e a vacuidade fantasiosa), é aí e é então que o desengendramento se torna louco; só lhe resta grassar em famílias inteiras.

DISTINÇÕES IMPREVISTAS

Algumas observações, enfim, sobre certas traduções clínicas do desengendramento.

Falei do *suicídio*: tal é o caso extremo do desengendramento desencadeado e vertiginosamente desfigurado: *quem se dá à morte se deve ela, e procura demonstrar uma vez por todas que deve a vida apenas a si mesmo.* Só conta o ato, a fantasia não fazendo falta: quem procura se matar não pode nem mesmo se desengendrar em fantasia. (Se bem que o remédio para a *suicidose* seria menos insuflar o gosto da vida – um projeto de qualquer forma irrealista – do que reanimar a *fantasia* inofensiva de se *des-criar...*)

Menos dramática, a *alucinação negativa* não constitui a meus olhos nada além do que a tradução sensorial do desengendramento. O que se descreve sob o registro do *narcisismo negativo*, encontra-se aí evidentemente incluído: o que descrevo lhe dá forma.

> Sabe-se que o humor é hoje no negativo. Indispensável. Os poderes do negativo se estendem a vista d'olhos. Vê-se que eu os vejo a meu modo...

Parece-me, além disso, que os breves momentos de "super despersonalização", se não é mesmo despersonação, esses instantes de "fading"[6] existencial descritos como normais (se bem que muitas vezes recalcados), tanto por P. Aulagnier quanto por mim mesmo (RACAMIER, 1980), são apenas fugitivas ativações da fantasia de desengendramento; nada para se surpreender, se além disso suporta-se o pensamento de se *des-criar* fugitivamente: o tempo de um suspiro.

---

6 Em inglês no original.

UMA ALEGORIA

Agradar-nos-á terminar este capítulo pela evocação de uma notável alegoria do desengendramento. Um homem volta no tempo. Ele encontra seu ancestral. Ele o suprime. Num único golpe ele deixa de existir: ele se descriou. Mas, se ele não existe, como teria podido ir até o passado matar seu ancestral? Este viveu, portanto; ele procriou, portanto; tanto que nosso herói pôde nascer, nasceu, e está vivo; e é então... etc... etc...

> Como se sabe, essa história constitui a trama de um romance de R. Barjavel: *Le Voyageur imprudent*[7]. Eu mesmo me diverti em relatar tal história (tendo retido apenas a filigrana) ao apresentá-la como a de um ancestral pessoal, que tinha feito as guerras de Napoleão. (É a história do *Grenadier Racamier*[8]). Tendo-a relatado em Lausanne, em 1986, em Modène e em Bordeaux, em 1987, não saberia retomá-la novamente...

Viu-se essa história desembocar sem resistência sobre um *circuito paradoxal indefinido*. Nada de surpreendente nisto, já que *o regime paradoxal é precisamente baseado sobre a recusa de toda possibilidade de origem*. Acabamos assim de relatar uma ilustração fictícia da natureza ant'edípica da organização paradoxal central da vida psíquica, tal qual se observa em particular nas esquizofrenias.

Não é de resto surpreendente que as fantasias de *des-criação* que o desengendramento ilustra sejam adequadas para estimular a veia criadora: quem quer que se conte essa ficção de desexistência não deixa de fruir delicadamente, de estar vivo...

Para existir, nada como sonhar com *des-ser*.

---

7 O Viajante imprudente

8 Granadeiro Racamier

DEPLORÁVEIS DESTINOS DO ANT'ÉDIPO

Duas afirmações contrárias – Furores e
melodia – Um punhado de adjetivos – Os caminhos
do deserto – Alturas asfixiantes – Turbilhões e
vertigens – Descréditos em recusas – Origens
do delírio e paradoxo das origens – Fileiras
serradas – Três gerações, mas nenhuma
a mais – Família em perigo procura
perseguidores – Hipótese reconfirmada para
figurante predestinado – Um ant'édipo aquecido
no branco – Em direção à catástrofe – Vastos
sedimentos metacatastróficos.

APRESENTAÇÃO DE UM DÍPTICO

Nenhuma necessidade de cultivar a contradição para enunciar
as duas afirmações seguintes.

1. Ant'édipo e autoengendramento são perigos para a vida
   psíquica (individual e familiar).
2. Ant'édipo e autoengendramento são necessidades da vida
   psíquica (individual e familiar).

Duas proposições igualmente verdadeiras, para dois destinos
adversos, constituindo as duas vertentes opostas do ant'édipo:
a dos *furores* e a da *melodia*.

Sobre sua vertente negativa, o ant'édipo, oriundo de desqualifi-
cações e de ocultações precocemente sofridas, construído por
golpes violentos de defesas e de recusas, desembocará sobre
incidências psicopatológicas maiores. Enquanto sobre sua ver-

tente positiva, baseada sobre afirmações temperadas, a partir de uma coexistência precoce suficientemente harmoniosa, ele desembocará com discrição (como tudo o que vai bem) sobre uma facilidade do ser bastante flexível.

Comecemos pelos desertos e precipícios, já que os perigos são mais fáceis de serem percebidos, e os primeiros percebidos: sabemos bem que o patológico se demonstra melhor que o benéfico; da mesma forma o édipo que derrapa é mais visível que o édipo feliz...

ORIGENS E VIAS DE UMA ESCALADA

Sem querer de forma alguma representar o papai passeando com seu menino (Ant'Édipo) por todas as alamedas da patologia (existe algo mais para diluir um rosto do que o expor por toda parte?), é-me preciso, no entanto, dizer que a presença absoluta de um ant'édipo mal temperado se revela grávida de riscos psíquicos maiores, e isto tanto para famílias inteiras quanto para indivíduos. Será preciso falar de ant'édipo tóxico, intemperante, viciado, deletério, furioso, megalomaníaco? Será preciso falar do ant'édipo como uma máquina de guerra? É uma. É preciso vê-la funcionando.

Nós já conhecemos algumas das rodadas ant'edípicas do empobrecimento do ego: a brancura e a degradação fantasiosa causam anemia à psique; a defesa esgota o ego (e o esgota tanto mais quanto ela é poderosa); enfim, a megalomania o prostra ao empurrá-lo em direção às alturas mal respiráveis: a anoxia dos cumes.

Nós igualmente conhecemos as duas propriedades econômicas do ant'édipo: sua tendência extensiva e sua tendência em espiral automantenedora. Iremos vê-las adquirir proporções temíveis.

Processo conhecido: quanto mais o ego se desgasta, mais ele aspira à onipotência, e mais então ele se empobrece, e mais ainda procura escalar etc. Dir-se-ia um balão cheio de hélio: seu poder de ascensão aumenta com a altura; uma pena, se o hélio leva à levitação, é um gás inerte, com capacidades nutritivas nulas: *assim, o ego solto de suas origens sobe, definhando-se, em direção ao grandioso.*

A vacuidade fantasiosa se automantém, agravando-se, acarretando uma espécie de desertificação progressiva: da mesma forma que as fantasias alimentam as fantasias, da mesma forma (e ao inverso) a ausência de fantasias se perpetua e se acresce dela mesma. O caráter estagnado que nós observamos na economia ant'edípica toma um aspecto turbulento: dir-se-ia que nada para a energia psíquica assim submetida ao único regime ant'edípico. Sabemos como ele se alastra; se dissemina; se familiariza.

Voltaremos às famílias. Uma olhada, antes, sobre as origens da recusa das origens. Um descrédito foi levado cedo sobre as bases do ego, seus primeiros passos, suas primeiras emergências: um ego teve que se forjar sozinho, não foi levado pela mão (a mão materna). Dir-se-ia uma *viciação original.* O ego só pode nutrir-se desse ar viciado; é assim que, *seguindo os passos do descrédito, vem, por seu turno, a recusa*; e seguindo os passos da recusa, lança-se a onipotência; desata, então, a temível espiral autoengendrada.

SÉQUITO DAS AVENTURAS DO FIGURANTE PREDESTINADO: HIPÓTESE NOVA PARA UMA SEQUÊNCIA CATASTRÓFICA

Proponho-me a apresentar pela primeira vez uma hipótese que acredito nova sobre a emergência, no seio de uma família, de uma psicose individual. Esta hipótese reúne o estudo individual e o estudo familiar; ela completa e termina minhas pesquisas precedentes sobre a psicose e o delírio; ela se inscreve naturalmente no fio de nosso atual percurso.

Retornemos à família ant'edípica que encontramos precedentemente. E retornemos a seu figurante predestinado. É uma família originária; ela se pretende autárcica, ela se pretende autoengendrada. Conhecemos agora seu uníssono sem falha e sem conflito; seu envelope impermeável; sua necessidade de invariância. Percebemos seus ancestrais: nenhum ou privados de qualquer mistério. O que necessita uma observação.

Diz-se algumas vezes, pensando de fato em tais famílias, que são necessárias três gerações para "fazer" um esquizofrênico. Três, sem dúvida: isto vai por si só. Mas *nenhuma a mais*: tal é seu segredo. Vejamos como ele funciona.

Sobrevém, na família, uma fenda: o envelope se racha; a unidade interna vacila. A família se sente ameaçada por alguma mudança externa que arrisca afetar sua estabilidade; por algum germe de emancipação carregado em seu seio; por alguma ingerência pressionando de fora; ou, enfim, e mais ainda, por um luto. É, então, que o uníssono se reforça; que as fileiras se estreitam. Assiste-se ao que (em memória do fechamento do Grande Conselho editado outrora pela República de Veneza – este próspero negócio de famílias – a fim de preservar sua eficácia e sua unidade) agrada-me chamar de a *Serrata*[9] *d'Ant'Édipo*.

A princípio silenciosa, a mudança que sobrevém vai se dar com muito barulho. Encarnada pelo figurante predestinado, a fantasia coletiva de autoengendramento familiar se encontra desestabilizada, depois desacreditada, até, enfim, denunciada e desmentida.

---

9 Em italiano no original.

É, então, que intervém o figurante predestinado. Seu papel vai se reforçar à maneira da necessidade familiar de uníssono ameaçada. Você talvez vá pensar que o futuro dessa vedeta de família seja aleatório. Você não estará errado...

Começa de fato uma irresistível escalada. O figurante predestinado, desde sempre levado em linha de frente (e não descontente de sê-lo...), vai se encontrar às voltas com o desmoronamento; confrontado com uma insuportável solidão de indivíduo particular: o incesto rompido, o édipo o ameaça; a sedução traída, o desejo o espera: monstruoso.

Única réplica possível e única alternativa para o desmoronamento: a ativação furiosa do ant'édipo e do autoengendramento. Não é mais a embriaguez; não é nem mesmo mais o êxtase: mais alto, mais forte, sempre mais alto... A infelicidade é passar de um desmoronamento (para baixo) a um estouro (para cima).

Eis que o abrasamento narcísico atinge no paciente temperaturas críticas. E eis que nós encontramos meus trabalhos precedentes sobre a chegada ao delírio (1986). A superativação (o superinvestimento) do autoengendramento desemboca na psique no que chamei *o acontecimento psíquico branco*: iluminação que cega, gloriosa e devastadora. O acontecimento psíquico branco é o ant'édipo aquecido até o branco. Triunfo do ant'édipo: fulgurância que cega.

A catástrofe está aí. Para o sujeito, nada mais será como antes. Ele acaba de fato de atravessar o ápice de um episódio psicótico. Ele vai procurar se reconstruir. Chega o delírio: avatar natural de um ant'édipo estourado.

Quanto à família, ela se inquieta, mas se apazigua; ela reencontra um recipiente; volta a apertar o círculo; o figurante encarnado está daí por diante designado; carregar-se-á o ferido; não se irá perdê-lo; fora ele, cada um na família poderá, daí por diante, seguir seu próprio caminho sem muitos empecilhos; e se para fazer média e sólida defesa for preciso perseguidores, alguns deles serão encontrados no corpo médico: não são os terapeutas que se intrometem (um pouco...) no círculo familiar pela brecha aberta em seu envelope pelo estouro do abcesso psicótico?...

(Parece-me evidente que o percurso que acabo de traçar na carreira de uma família e de seu psicótico, assim como no meu próprio entendimento desses processos, que esse percurso cruza com o que as elaborações apresentadas por Pierra Aulagnier têm de melhor, bem como com algumas observações descritas pelos transacionalistas, que têm às vezes bom olho, mesmo quando eles têm espírito malévolo...)

DELÍRIOS E PARADOXOS

Recolhendo a recompensa de nossos esforços, vamos, graças a nosso conhecimento dos processos de recusa das origens, ver duas organizações clínicas tão célebres quanto desconhecidas encontrarem, enfim, seu verdadeiro lugar e tomarem sua forma natural.

Uma é o *delírio*. O conhecimento do autoengendramento e de seu motor. A recusa das origens nos permite esclarecer um dos problemas mais controvertidos da psicopatologia: o de saber o que é o delírio. Ora, o *objeto-delírio* (que engloba ao mesmo tempo o objeto do delírio e o pensamento do delírio como objeto), o objeto-delírio é *um objeto cujas origens são ativamente recusadas*. (Um objeto que se autoriza, como dizem, a qualquer outro propósito os estafermos, apenas por si mesmo). Radicalmente, o delírio é o que não vem de lugar nenhum, suas origens não são para se discutir, as origens do delírio se encontram, portanto, numa recusa das origens.

> Na verdade, é ao conhecimento do ant'édipo que devo ter podido encontrar esta definição do delírio, que se escondia de mim há muito tempo. (Tendo-a enunciado em 1986-1987, precisei-a em 1988-1989). Como se sabe de fato, não existia nenhuma definição correta do fato delirante: a psicopatologia tradicional, dando indicações sem valor e sem coerência; a psicanálise, o mais das vezes, abstendo-se; os bons espíritos, entregando-se a piruetas; e os lacanianos, como de hábito, falando lacaniano.

Outro tipo: o *paradoxo*. E mais interessante, a organização defensiva e relacional fundada sobre a paradoxalidade (RACAMIER, 1978, 1980 e 1985). Sabe-se quase nada, não se sabe o suficiente: o paradoxo não é apenas uma invenção dos retóricos da Grécia antiga, ele não é apenas um dispositivo lançado pelos palo-altistas. O paradoxo e a paradoxalidade existem, são noções que devem pertencer à clínica psicanalítica; os belos espíritos podem bem passar ao lado com um ar digno, isto não impede que sua importância clínica seja capital. A Igreja não pode fazer nada a respeito: isto dá voltas...

Mas dá voltas sem conhecer, sem começo nem fim. Pois o paradoxo é também derivado do "desengendramento". De fato, além da definição lógica ou retórica do paradoxo (duas proposições inconciliáveis e inseparáveis que se remetem indefinidamente uma à outra, sem jamais se opor), a paradoxalidade se define como um sistema cujas origens e fins são *a priori* profundamente indetectáveis. Não que essas origens sejam recusadas, é a existência mesma de quaisquer origens que é evacuada: *a paradoxalidade é o que organiza circuitos psíquicos e relacionais de origens inencontráveis...*

Esta distinção e proximidade entre delírio e paradoxo, tão sutil que possa parecer, tornam-se claras; nós nos preparamos para ela pelo conhecimento de modalidades graduadas da recusa. O que quer que seja, o paradoxo e o delírio vão bem naturalmente prosperar nas famílias e nos indivíduos entregues ao ant'édipo: o delírio aí florescerá e as transações paradoxais aí reinarão.

INFILTRAÇÕES E SEDIMENTOS DE CATÁSTROFES

Após a escalada aos cumes mortíferos do ant'édipo, o que se segue será para nós apenas um passeio. Não nos surpreendamos por isto: as mais insidiosas perturbações se cozinham a fogo brando nas famílias, e as tempestades estouram como volumosos caldos quentes sobre a cabeça dos indivíduos.

Uma volta pelo horizonte nos permite de fato distinguir três registros: as catástrofes, as metacatástrofes e as anticatástrofes (tomo esse termo de catástrofe na acepção que lhe deu René Thom).

Catástrofes. Vimos estourar os delírios; vimos atos suicidas surgir como postos em ação por fantasias (insuficientemente elaboradas e contidas) de desengendramento: passamos do ant'édipo chocando em família a seu estouro catastrófico.

Metacatástrofes. Sobre os traços (ou escombros) das catástrofes, depositam-se seus sedimentos: a vida nas ruínas. Comecemos pelo principal. Uma *esquizofrenia* não seria compreensível fora do ant'édipo, do qual ela constitui psicopatologicamente um dos avatares maiores: ela é construída sobre as sobras de um ant'édipo que foi superativado, estourado depois recomposto – e recomposto graças aos instrumentos tenazes da paradoxalidade.

> Com toda justiça, os esquizofrênicos mereceriam aí um lugar mais eminente, já que é através de seu estudo que compreendi a evidência e a necessidade do conceito do ant'édipo; mas para os esquizofrênicos, justamente, sabe-se para onde se dirigir...

Não será surpresa encontrar fantasias de autoengendramento reinando como mestres absolutos sobre os desertos da *anorexia mental*. (Esse fenômeno foi, aliás, assinalado por Evelyne Kestemberg: não dizia ela que as anoréticas se pretendem nascidas delas mesmas, inteiramente e exclusivamente delas mesmas?)

O que dizer ainda dos *estados-limites*, que a clínica do ant'édipo esclarecerá sem dúvida com um novo dia, e contribuirá talvez a desmantelar?

Anticatástrofes. Trata-se aqui de evitar a qualquer preço que alguma coisa mude e que a ilusão do ant'édipo seja atingida. A operação se executa em silêncio, e em família; ela é custosa; mas são os outros que a pagam.

Duas formas se organizam sobre esta base: a *paranoia rasteira* e a *perversão narcísica*. Todas as duas podem passar pouco percebidas; todas as duas se cultivam ou prosperam em família, e todas as duas mereceriam evidentemente ser estudadas mais detalhadamente; não podemos aqui nada mais fazer que evocá-las.

Teremos nós suficientemente percorrido os atalhos do ant'édipo? Não sei. Na verdade, não creio: o interesse clínico do ant'édipo está longe de ser inteiramente explorado. Mas está na hora de nos voltarmos para sua vertente positiva.

EM DIREÇÃO A UM MUNDO HABITÁVEL OU O ANT'ÉDIPO BEM TEMPERADO

Duplo contraste – Par de forças, par de formas – Os únicos autores de uma vida que não é a deles – Onde se reencontra a ambiguidade – Um ant'édipo bem temperado – Uma invenção mais uma vez ainda caída em domínio público – Uma verdadeira fantasia – Um crítico acerbo a não escutar – Ao prazer de existir.

Entre a fonte e o mundo – Onde a fantasia recria a verdade – Bebê qualificado por sua mãe e vice-versa – Autores associados de uma coprodução mundial – Quadro para um díptico.

A noite dos tempos.

NOVO APELO

Nosso segundo axioma, lembremo-nos dele, propõe que o ant'édipo não somente não coloca a psique mal, mas lhe é mesmo vital. Uma vez passadas as escarpas, resta-nos executar o melhor de nosso percurso.

Digamo-lo sem tardar: o ant'édipo do qual vou falar não é aquele que nós acabamos de deixar. Aquele lá se opunha absolutamente ao édipo; aqui, ele se opõe a ele sem dúvida, mas em contraponto; por esta vertente que se descobre para nós, o ant'édipo se conforma, portanto, ao princípio corrente de que *não há em psicanálise noção que valha, que não apresente um par de forças contrastadas e de formas complementares.*

É preciso, portanto, adotar agora a visão mais complexa e mais justa de uma organização cujos polos opostos se completam e se equilibram sem por isto se destruírem: eu os opus suficientemente para poder agora acoplá-los.

Enquanto o édipo está na diferença e na atração, no antagonismo e no desejo, no conflito e na tensão, o ant'édipo ultradefensivo está no incesto, na rejeição do édipo e do conflito, do desejo, das diferenças e das origens, nas energias sem contrapeso, às vezes fulgurantes, e desembocando, às vezes sem retorno, sobre proezas exorbitantes; o ant'édipo vital e bem temperado estará sempre na diferença, mas no uníssono, sempre nas energias imóveis, mas moderadas, e sempre na ambiguidade das origens, mas ele desembocará sobre uma familiaridade sem confusão tanto com o objeto como com o mundo.

REALIDADES

Voltemos por um minuto aos esquizofrênicos, como a tantos outros desses pacientes que se autoengendram com uma energia desesperada. Segundo sua "fantasia" ant'edípica, este mundo lhes deve tudo; este mundo, no entanto, não é o deles; sem cessar eles têm que experimentá-lo; armados, eles têm que enredá-lo (os paradoxos); couraçados, eles têm que esmagá-lo (o autismo e o suicídio); e eles não o habitam.

Eles são os únicos autores de sua existência, e não é a deles.

O ant'édipo fundador vai de um modo todo diferente, e é aqui que nos é preciso admitir entrar na ambiguidade. Apresentemos aqui um (outro) par de verdades coexistentes:

1. A vida nos foi dada: é o que atesta a fantasia da cena primitiva.

2. Incessantemente, e desde sempre, nós somos os criadores de nossa vida: é o que atesta a fantasia de autoengendramento.

Seria mais justo inverter a ordem desses enunciados: o conflito originário preludia o conflito edípico, o autoengendramento preludia a cena primitiva. É seguramente esta que faz mais barulho na psique; mas a psique, poderia ela armar tempestades que lhe são prometidas pelo édipo, sem estar apoiada sobre a base de um conflito originário resolvido sem drama e desembocando sobre uma autocriação bem temperada?

Você acredita que nós possamos, por um segundo, nos sentir à vontade na pele do mundo se nós nunca tivéssemos vivido a ilusão de tê-lo inventado por nós mesmos? É preciso ter vivido esta ilusão para conservar dela o gosto sem ter necessidade de manter a qualquer preço a convicção.

Um autor que conheço escreveu há tempos: "Cada um de nós, quanto ao mundo em sua realidade, é o autor esquecido de uma invenção caída no domínio público". Esta afirmação, que me reservo o direito de completar em um instante, tem já o mérito de nos lembrar que no ant'édipo fundador, a ilusão de autoengendramento se dilui discretamente na organização fundamental do ego. Teremos assim descoberto o autoengendramento como fantasia propriamente dita? Uma construção da psique, nascida de sua própria necessidade e de sua experiência, nutrida ao mesmo tempo de realidade e de ilusão, prometida a transformar-se e talvez a fundir-se, mas não a se destruir, não é uma fantasia?

Parece, então, que o ant'édipo, nesta versão feliz do conflito das origens, preludia a organização do mundo fantasioso: das fantasias ele se torna agora a placenta. Da mesma forma, iremos daqui a pouco, e sem surpresa, ver entrar em jogo o essencial: *o corpo em seu coração e em suas membranas.*

Um crítico acerbo se levantaria talvez aqui para objetar que a fantasia de autoengendramento não é apreensível já que, em sua versão tempestuosa, não tem forma de fantasia, enquanto que na sua forma de fantasia, está destinada a se fundir e a desaparecer nas bases do ego. Mas, com críticas deste gênero, o que restaria da psicanálise?

O simples prazer de existir, a vida em si, o sentimento difuso que nosso ego está em pé de igualdade com o mundo, o investimento vagaroso, difuso e discreto do mundo e de si vivo: essas evidências vitais (sobre as quais insisto há muito tempo) são os herdeiros vivos do ant'édipo.

Como tudo o que é dotado de vida psíquica, o ant'édipo tem fontes corporais. A fonte corporal primeira do ant'édipo bem temperado (e de sua fantasia) se encontra no simples dado biológico de estar *com vida*. Fonte complementar: os *limites do corpo*.

Ant'Édipo não espera nada: para ele, é suficiente existir.

UMA PRECOCE REALIDADE INTERATIVA

No entanto, irá o Ant'Édipo tão longe ao ponto de se crer o criador de sua própria mãe? Sua fantasia o quer assim. Lembremo-nos do caráter *global* das fantasias ant'edípicas; daí a importância, já dita e redita, dos *envelopes corporais*. Este caráter global está de acordo perfeitamente com a natureza profundamente vagarosa (porque narcísica) do investimento ant'edípico; quanto às fantasias do ant'édipo, elas dizem respeito mais à existência do que à satisfação; o bebê que tem fome cria o seio que lhe é dado: ele alucina a satisfação do desejo, *a fantasia ant'edípica* – já não dissemos? –, que *está menos ocupada em fazer brotar uma fonte do que em construir um mundo e criar pessoas.*

Assim também já evocamos o duo bem conhecido da mãe e do bebê. Dois olhares se cruzam. A mãe cria o bebê, o bebê cria a mãe. É sua fantasia, é a fantasia *deles. E é a verdade.* Sobre qual realidade interativa a realidade interna vai repousar?

Sabia-se bastante que a mãe, física e psiquicamente, cria seu bebê. Hoje nós conhecemos a recíproca. (Assim se confirma a lei de reciprocidade que atribuo à sedução narcísica desde que a estudo: é bem nessa corrente que navegamos aqui). A sua fórmula célebre de 1960: "A mãe é investida antes de ser percebida", S. Lebovici pôde acrescentar, em 1983, baseando-se sobre observações muito concordantes: "... *e ela é criada pelo bebê*".

Pois é o bebê que, por seus apelos, seus olhares e suas respostas, quem a funda, confirma e qualifica enquanto mãe. Ela o qualificou enquanto ser novo. Por sua vez e por ele, ela é qualificada como mãe, e *ela aceita sê-lo*: não se diria aqui que se verifica a fantasia precoce do autoengendramento da mãe pelo bebê?

Uma fantasia, então, o ant'édipo? Por que não, se ela se realizou na interação precoce? Assim se verifica em seu favor outra das propriedades essenciais das noções psicanalíticas de bom quilate: nada é dado ao indivíduo, que ele não tenha que construir; e nada se constrói na psique que não tenha seu correspondente de verdade interativa e biológica.

POR UMA COPRODUÇÃO DO VIVO

Por minha vez, vou agora poder completar meu aforismo precedente. Uma invenção, dizia eu, caída no domínio público? A feliz saída do conflito das origens é sentir intimamente que se é si mesmo *com os pais*, quanto ao mundo e às pessoas, os *autores associados de uma coprodução viva e vivível.*

E isto nos permite melhor situar as saídas respectivamente feliz e infeliz do ant'édipo.

Esta coprodução originária e fundadora é o que permite entrar com o mundo numa relação de familiaridade criativa, e isto sem prejuízo dos horizontes edípicos. Ela é o fruto da qualificação recíproca da mãe pelo bebê e do bebê pela mãe. Assim, a ilusão criativa originária está suficientemente apoiada pelo investimento materno.

"Autor de minha vida, filho dos autores de meus dias", poder-se-ia dizer para designar este ant'édipo bem-sucedido.

No mais, a ilusão criativa – esta ilusão que comumente permite ao bebê conter a violência (formulada por P. Aulagnier) das intrusões do corpo, bem como do mundo falado dos adultos – não é exclusiva: a mãe contém o investimento da imago paterna, ela contém o mundo edípico; é através deste patrimônio que ela leva ao bebê ant'edípico a promessa do édipo.

> (Uma observação, de passagem: sabe-se que D. Braunschweig e Fain apresentaram a mãe e a amante como alternativas, e mesmo como antagonistas; este antagonismo seria de fato apenas uma configuração: este caso se encontra sem dúvida nas origens das evoluções "pré-psicóticas". Para os perversos e os psicóticos, a mãe esteve inteiramente no ant'édipo e no incesto, e não no édipo; quanto à mãe satisfatória, seria ela ao mesmo tempo a mãe e a amante?)

Assim se completa, a nossos olhos, uma dupla imagem: a de uma sequência e a de um díptico. A *sequência* é aquela que conduz de ant'édipo a édipo. Mais ainda que uma sequência, ela introduz um equilíbrio, uma balança delicada e necessária. Há somente édipo possível sem ant'édipo satisfatório?

Quanto ao *díptico*, ele opõe a linhagem, conduzindo da desqualificação da mãe à ativação desvairada da "fantasia" de autoengendramento, através da recusa das origens, e a linhagem mais feliz que, a partir do crédito dado *e recebido* pela mãe, permite à criança construir numa ambiguidade criativa a coprodução discreta e fundamental do mundo, do outro e de si.

Este díptico mereceria um quadro; nós o encontraremos logo mais (*"O Pêndulo de Ant'édipo"*, Quadro 2).

FAMÍLIAS E ANCESTRAIS

Bem o sei, e nós verificamos: os caminhos que percorremos abrem-se naturalmente sobre os horizontes familiares; sei por experiência pessoal, e sei através de trabalhos (em psicanálise familiar) daqueles que me seguem. Assim existe, aliás, tanto nas famílias como nos indivíduos: é o ant'édipo não resolvido, aquele que desemboca sobre o mais absoluto autoengendramento, na acepção mais típica da fantasia-não-fantasia, é este aí, nós já sabemos, que é mais bem visto. Ao contrário das famílias fechadas, amontoadas sobre seu uníssono, limitadas a duas ou três gerações que se designam, mas não se distinguem verdadeiramente, as famílias a ant'édipo declarado acolhem em seu seio toda espécie de fantasias e de lendas; às vezes explicitamente e sempre implicitamente, elas se reconhecem ancestrais, elas se originam deles, elas os imaginam, os retocam, os adornam ou denigrem. Eles são (como os pais) talhados a golpes de história e de imaginário; jamais completamente criados, eles não são nunca completamente conhecidos. Suas origens se perdem *na noite dos tempos*: bela expressão para designar esse quê de mistério e de indefinido que marca para todo o sempre o fundo de nossas origens...

Eis, portanto, o Ant'Édipo-bem-temperado, com sua realidade psíquica própria, sua fantasia original, suas fontes corporais, sua realidade interativa precoce, seu destino, seu registro familiar e cultural: que mais lhe seria preciso?...

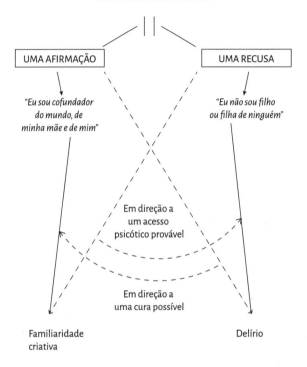

Quadro 2: *O pêndulo de Ant'Édipo*

OLHARES SOBRE A TERAPIA

Às vezes, outrora... – Alguma
modéstia – Freud, ele mesmo...

Resposta do terceiro tipo – Um terceiro
observador – Um pouco de escuta – Uma voz
diferente: uma esperança de mudança.

Um lugar para Édipo – O Eu e o corpo, o detalhe e
as histórias – Uma dolorosa identidade – Um ódio
penosamente suportável – Algumas precauções
da volta ao solo – Cosmonautas do
ant'édipo – Um reengendramento respeitável – O
gosto da vida ou o gosto da recusa?

Qual fim para uma análise?

ILUSÕES DE OUTRORA, ILUSÕES DE HÁ POUCO

Algumas vezes, outrora, pensei que, ao final de uma "boa análise", o complexo de Édipo se liquida. Pensava-o de verdade? Pelo menos ouvia dizer; pois era o que se acreditava na época.

Desde esse tempo, vi sobre meu divã muitos complexos de Édipo amadurecerem e mudarem. Nunca vi, graças a Deus, que se liquidem. (Vi-os líquidos apenas nos psicóticos, e para desgraça deles). Todo mundo sabe hoje que um complexo de Édipo pode se resolver e não se liquidar.

Como a história se repete! Por algum tempo, acreditei que o melhor que podia se produzir com o ant'édipo era que ele desaparecesse. Era o terreno baldio, a vegetação enlouquecida.

Que ela se apague! Que ela feneça! Em seu lugar cresceriam as florações do édipo.

Perdi tais certezas. A verdade, sabemos bem, é mais complexa: há no ant'édipo uma vertente necessária, um modo bem temperado. Não creio, portanto, oportuno esperar a qualquer custo que nossos pacientes depositem a nossos pés – sacrifício ou tributo – o despojo de seu ant'édipo, tão louco quanto seja.

É preciso lembrar-se de Freud: ele deplorava que fosse difícil fazer as mulheres renunciarem à inveja do pênis. Mas ele não punha aí um excesso de ardor? Que também não o ponhamos para tirar de vista o ant'édipo percebido em nossos pacientes e nas famílias...

VIAS NOVAS

Junto à fantasia de autoengendramento, quando ela transborda, viu-se que as respostas mais comuns chegam aos extremos: ou se fica energicamente impermeável, ou deixa-se absorver. Num e noutro caso, não se pode ver nada.

A posição do terapeuta clínico é, evidentemente, do terceiro tipo, e nós a conhecemos: ela consiste em perceber e em compreender, em se identificar sem por isto se confundir. Esta posição nova – a do *terceiro observador* – modifica os dados do jogo, e isto antes mesmo que tenhamos tirado dele deduções técnicas importantes: uma observação, uma questão, uma escuta podem já ser suficientes para nos "situar" e já mudar o jogo?

Para começar, o terceiro observador não foge; não se deixa absorver; ele olha, vê-se que ele vê, vê-se que ele pensa. Desde então, nas famílias e nos sujeitos entregues ao ant'édipo, produz-se como um estremecimento; uns darão prova de um pouco de escuta: sabe-se que esta primeiríssima (e sempre discreta) resposta é antes de bom augúrio; outros permanecerão surdos, irão justamente acentuar a pressão para excluir o intruso ou para absorvê-lo: aqui, o futuro estaria tampado?

Notemos que este "pouco de escuta" que acabamos de mencionar pode ser percebido seja num sujeito, numa resposta inédita, surpreendente e talvez passageira; seja numa família, em alguma resposta de um dos membros que contrasta com a de todos os outros; em resumo, sujeito ou família, *o índice que mais conta a nossos olhos é o que contrasta*; o importante é o "poing", é que o uníssono não apareça total: uma voz diferente se eleva entre as outras na família, ou por um instante num sujeito, tal é o *revelador singular*; então nós sabemos que uma via nos resta aberta, e espero que nossa clínica possa se afinar ao ponto que nos tornemos aptos a avaliar cedo o suficiente e bastante precisamente as possibilidades individuais ou familiares de abertura terapêutica.

Entremos, no entanto, no seio da ação. Receita não há, evidentemente. O método que nos é mais familiar consiste em operar a passagem da não-fantasia à fantasia, e é a interpretação que nos serve em primeiro lugar. Esta passagem não é impossível; sem dúvida é menos difícil numa terapia de família. Viram-se (J.-P. Caillot e G. Decherf (1989) que me falaram da menininha que fala em minha epígrafe) crianças explicitarem claramente suas fantasias de autoengendramento, e pais não as calarem. (Creio que a fantasia se torna então como um jogo, mas as famílias que jogam podem permanecer famílias fechadas?)

Assim, de interpretação em interpretação, pode-se chegar não a liquidar o ant'édipo, mas a modificar seu regime econômico, até torná-lo menos esmagador, e seu "posicionamento tópico", até torná-lo menos exclusivo.

Disse-o já: não chegaremos a solicitar que Ant'Édipo deixe a arena, pediremos apenas: Um lugar para Édipo.

JUNTO AO CORPO

No mais, as vias de interpretação não são as únicas possíveis, nem mesmo as únicas desejáveis. Vou agora me ocupar desses sujeitos que estão de tal forma imersos no ant'édipo das alturas que perderam aí o sentido do *Eu* e do *corpo*, do *detalhe* e das *histórias*. Seria um perigo real escalar atrás deles em direção a essas altitudes etéreas, onde o mundo se ameniza, mas onde falta o ar. Com eles, ao contrário, pleiteio em favor do interesse pelos *detalhes*, do interesse pelo *vivido corporal*, do interesse pelos *contos*, as *histórias* e as *alegorias*. Este interesse se manifestará seja nas intervenções em sessão, seja ainda no *cuidado* (para os pacientes que tenham necessidade dele).

Digo algumas vezes, e vou escrevê-lo aqui.

Tudo o que é ganho para algum canto do corpo, algum detalhe da vida, alguma história inventada, tudo isto se ganha sobre a megalomania asfixiante do ant'édipo em ascensão.

REPARAÇÃO E REENGENDRAMENTO

Se é verdade que no final do trabalho sobre o ant'édipo louco, o paciente – ou a família com o paciente – pode encontrar algum lugar e conforto de viver, isto não impede que o caminho seja árduo, semeado de ciladas. Vejamos algumas delas.

Encontrar uma aparência de identidade na recusa de suas próprias origens é uma constante acrobacia. Um logro, diz você? Certamente, mas deixá-lo é perder o pouco que se tem. É assim que vi pacientes tomados de vertigem face ao vazio existencial que eles encontram quando começam a despir os trapos de seu falso-eu. Não seria razoável tremer com eles, mas termos desenvoltura para empurrá-los para frente, sem medir seu medo.

E isto, visto que esse sujeito que desce à procura de si não somente abandona o manto da grandiosidade, mas vai ter que reconhecer que seus pais o enganaram. Ele vai poder avaliar uma mãe que o desacreditou enquanto içava-o sobre um trono ilusório. Uma imensa raiva o habita, o assombra. Essa raiva assassina causa ainda mais medo quanto a mãe implacável que a alimentou se passava incessantemente por frágil. E tudo isto retorna violentamente na transferência.

Quando se voou pelas alturas do ant'édipo inebriante, não somente as gerações parecem fúteis ou assustadoras, e os detalhes da vida, inconsistentes ou monstruosos, mas os afetos mais comuns podem soprar como furacões devastadores.

> Alguns demonstrariam aqui que esta devastação temida vem do instinto de morte que os infiltra; não estou tão seguro disto; sem entrar por minha vez numa pesada polêmica, quero somente lembrar que um sujeito que viveu por muito tempo na obscuridade ressente a luz do dia, quando volta a ela, como uma dor; e é uma agressão; é a morte que vem no sol?

Gostaria de encontrar alguns filtros e algumas precauções a fim de facilitar a volta à terra dos *cosmonautas do ant'édipo...*

Pacientes que estiveram outrora gravemente desacreditados e desqualificados, dentro dessas famílias, onde o ant'édipo reina como tirano, onde o sentido das gerações está abolido, ou melhor, subvertido, chegam a se refazer ancestrais. Esta busca interior se situa num registro solidamente imaginário, e não o deixa. Como ingredientes, ela utiliza: a imagem do objeto da transferência e lembranças ou lendas familiares sobre os antepassados. Trata-se nem mais nem menos de um trabalho de reengendramento. Trabalho *reparador*. Creio ter compreendido que ele começa de preferência pelos avós: isto não nos surpreenderia. Estaríamos bastante enganados por tomá-lo como reativação de ant'édipo. É o contrário: é uma volta às gerações.

94 OLHARES SOBRE A TERAPIA

Nós mesmos, depois de tudo, não estamos durante toda nossa vida ocupados em remanejar, retrabalhar nossa própria história? (Evelyne Kestemberg escreveu bem lindamente sobre esse tema).

Abri as estimações terapêuticas. É preciso fechá-las. Será com pena e será sobre um apelo à modéstia. É preciso lembrar-se de que há sujeitos ou famílias que nunca suportarão retornar das alturas do antédipo. Nunca nesses, nunca infelizmente, o gosto pela vida saberá prevalecer sobre o da recusa...

Para terminar com uma perspectiva mais aberta, pergunto-me se não está na natureza de todo verdadeiro término de análise colocar a cada um o problema de suas origens.

No final do percurso analítico, Ant'Édipo está ainda lá, a nos esperar.

CONCLUSÃO

No decorrer deste trabalho, o leitor, espero, terá visto se ampliar a concepção que se pode fazer do ant'édipo. Acreditava-o talhado de um só bloco, inteiramente consagrado à recusa e inteiramente voltado à patologia. Esta visão continua verdadeira. Ela não é a única verdadeira. O ant'édipo tem mais complexidade. Nós descobrimos sua outra face, discreta, universal e fundamental. Ambígua ela o é, como o são necessariamente as origens. Pôde-se compreender que essas origens apenas parecem feitas de uma só peça quando elas são intrinsecamente recusadas...

Assim completado, o conceito de ant'édipo está apto a preencher o conjunto das qualidades requeridas para que um conceito psicanalítico seja de bom porte? Assim espero. Desejo-lhe boa vida. Nada posso, no entanto, lhe prometer: a vida dos conceitos não é sempre rosa, eles nascem no suor e não lhes faltam aventuras.

Gostaria que fosse útil, gostaria que fosse de utilidade. Detestaria que fosse desvirtuado, desfigurado, desvitalizado. Viram-se alguns bons e valentes conceitos perderem forma por serem empregados sem discernimento: assassinados pelo mau uso. Junto ao leitor que me seguiu até aqui, não tenho nada a temer de parecido. Não vou, portanto, fazer como essas mães de esquizofrênicos que teriam gostado tanto que seu filho vivesse sem nascer...

Espero sobretudo que o leitor tenha experimentado tanto interesse em me acompanhar quanto eu tive em abrir o caminho. Talvez, quem sabe, tenha sido seduzido ao ponto de ter vontade de engendrar ele mesmo novos desenvolvimentos. Pois a via continua aberta e acredito firmemente que o ant'édipo está longe de ter dito sua última palavra.

Jouxtens (La Louvière) e Besançon (Le Piano d'eau verte)
1º de janeiro-20 de maio de 1989.

ELEMENTOS BIBLIOGRÁFICOS

Fizemos um percurso bem longo. Por esta razão, e por uma vez, não tentarei apresentar uma bibliografia completa. Minhas dívidas são numerosas, minhas referências seriam muito mais ainda.

De FREUD, é preciso ao menos referir-se à *Introduction au narcissisme*, que é de 1915; a *La nevrose et la psychose* e ao *Bloc magique*, que são de 1925.

Colhamos no fio de nosso percurso alguns ramos, algumas flores entre outros:

P. FEDERN tratou do ego e de seus limites na *Psychologie du moi et les psychoses*, publicado por Imago, em Londres, em 1953.

De F. PASCHE, "le Bouclier de Persée", lançado na *Revue Française de Psychanalyse*, e em *Le sens de la psychanalyse*, publicado pela PUF, Paris, em 1988.

Le moi-peau, de D. ANZIEU, é de 1985 e de Dunod, Paris.

De B. GRUNBERGER, *Narcisse et Anubis* foi publicado em 1988, Paris, Editions des Femmes.

Promotora da noção de fantasias de geração pré-sexuais, Ida MACALPINE publicou *Schizophrenia 1677*, onde ela as explica com R. HUNTER, Londres, Dawson, 1956.

J.-P. CAILLOT e G. DECHERF (que já haviam publicado o seu *Thérapie familiale psicanalytique et paradoxalité*, em 1982) editaram *Psychanalyse du couple et de la famille*, em 1989, Paris, A.PSY.G.

Le Narcissisme de vie, narcissisme de mort, de A. GREEN, data de 1983 (Minuit, Paris).

De C. CACHARD: *L'autre histoire* sai em 1987, Paris, Editions des Femmes.

La violence de l'interpretation de P. AULAGNIER saiu em 1975, PUF, Paris.

Um pouco antes (1973), J-L. DONNET e A. GREEN tinham publicado *L'enfant de Ça*, Editions de Minuit.

Igualmente pelas Editions de Minuit, em 1972, apareceram *Capitalisme et schizophénie, l' Anti-oedipe*, de DELEUZE e GUATTARI, mas é preciso dizer que meu Ant'édipo nunca se encontrou com este *anti-édipo* aí.

Quanto a S. LEBOVICI, sua "Relation objectale chez l'enfant" apareceu em 1961 em *La psychiatrie de l'enfant* (n° 1), e *Le bébé, la mère et le psychanalyste* foi publicado em 1983, Paris, Le Centurion.

Evelyne KERSTEMBERG, enfim (e em memória): seu trabalho sobre "la psychose froide et la relation fétichique" apareceu na *Revue Française de Psychanalyse*, em 1978 (n° 2), e suas reflexões sobre "Construire, aimanter...", no número 23 dos *Cahiers du Centre de Psychanalyse et de Psychologie*, que ela havia fundado e que o Centre de S. M. do 13° distrito de Paris publica.

Caridade bem ordenada termina, diz-se, por si mesma: resta-me assinalar ao leitor:

- que ele encontrará *Les schizophrènes* editado em Paris por Payot, em 1980, e 1983 (mas atenção! este livro não vai ser encontrado...);
- que as observações sobre *Les schizophènes et leurs familles* apareceram na *Evolution psychiatrique*, em 1975 (n° 2);
- que a *Revue Française de Psychanalyse* publicou *L'oedipe chez les psychotiques*, em 1966 (n° 5-6);
- que a revista GRUPPO publicou "La paradoxalité et l'ambigüité", em 1985 (n° 1), e *La perversion narcissique*, em 1987 (n° 3);
- que dois estudos sobre o delírio apareceram, um em 1987 nos *Cahiers du Centre de psychanalyse et de psychotérapie* (n° 14: *A la recherche du nouveau monde*) e o outro, em 1989, na *Revue de neuropsychiatrie de l'enfance* (n° 2: *Délire d'adulte, délire d'enfant*);
- que poder-se-á encontrar trabalhos antigos (1953, 1954) sobre *Les frustrations precoces* e mais recentes sobre *La frustration du moi*, em *De psychanalyse en psychiatrie*, lançado pela Payot, em 1979;
- na mesma obra, um capítulo sobre *La maternalité psychotique*, surgido de trabalhos de 1961;
- ver enfim um estudo sobre *Les troubles de la sexualité feminine et de la maternité*, no *Bulletin de psychoprophylaxie obstétricale*, n° 32, 1967;
- e sobre *La fonction respiratoire* (com GENDROT), em *Evolution psychiatrique*, 1951, n° 3.

ANT'ÉDIPO II

A DESCOBERTA DE UM HERÓI

Existem ilhas encantadas.

Frequentei uma delas há pouco, onde Roma, outrora, criava moreias numa gruta marinha em honra da mais incestuosa de suas imperatrizes, onde falésias de pedra-pomes, gravadas pelos ventos e os vulcões, pareciam imensas águas-fortes de ocre e de neve e onde o sol se põe duas vezes cada tarde, uma primeira vez sobre o seio de uma colina, de onde ele acaricia a curva do porto, e uma outra vez, de um outro lado, sobre o mar, de onde ele faz cantar a falésia.

Foi flanando ao longo do porto, numa loja cavada na pedra, que no meio de uma profusão de objetos de antes do dilúvio e de livros de antes das guerras, descobri um livro mágico que me causou uma surpresa inesquecível. Traduzido do grego para um italiano duvidoso, ele consagrava algumas páginas a um herói sobre o qual nunca tinha ouvido falar. Faltavam páginas. Fiz anotações. Perdi o livro mágico. Esqueci o fato.

Até o dia em que tive de apresentar o tema ant'edípico entre os paradoxos dos esquizofrênicos. Ant'Édipo: este nome me dizia alguma coisa. Encontrei minhas anotações e, graças a elas, pude mais ou menos reconstituir uma história de Ant'Édipo. Ela acabava sobre um grilo; caia bem: caia no dia que, em Florença, é o da festa dos grilos. (Mais tarde, bem mais tarde, aprendi que uma expressão alemã, ter grilos – die Grillen – *quer dizer ficar louco: não acha que cai bem?)*

Ocorre com os mitos como com a história íntima das pessoas: como ela muda, eles se transformam; semelhantes e, no entanto, diferentes. Desde Florença, o de Ant'Édipo mudou também. Alguns de seus traços permaneceram e muitos se modificaram: alguns desapareceram, e outros surgiram. Assim se passa com a vida dos mitos.

É verdade que nesse meio tempo eu tinha mudado de ilha (esta agora não tinha sido a residência de uma imperatriz, mas a de um deus: o dos ventos), e nessa ilha eu tinha ainda (que coincidência, uma vez mais) encontrado uma lojinha ainda um pouco mais obscura, e nessa lojinha desani-

nhado ainda um outro livro mágico; e nesse livro mágico, encontrado de novo a história de Ant'Édipo: eis bem a prova, se fosse preciso uma, que ela é autêntica.

Desta vez não mudei uma linha. Eis, então, a muito verdadeira história de Ant'Édipo, o herói das origens.

A ÚLTIMA E VERDADEIRA HISTÓRIA DE ANT'ÉDIPO

Ant'Édipo era de um país não mencionado por nenhum livro e não indicado por nenhum mapa. Não que ele fosse mais subterrâneo que algum outro: ele estava algures.

Muito raras eram as notícias emanando desse reino e sempre embaralhadas ou absurdas, incompreensíveis. Também estava fora de cogitação os estrangeiros nele penetrarem. Não que fosse interditado: era quase impossível; as fronteiras não estavam assinaladas; não estavam também visíveis; se, todavia, por inadvertência, aproximavam-se delas, elas opunham uma resistência insuperável. Alguns aventureiros, alguns loucos talvez, não se sabe por qual ardil com o espaço, tinham ainda assim conseguido deslizar por elas. Eles não sabiam bem exatamente onde, nem desde quando tinham entrado, eles ignoravam quase tudo disto. Uma vez no lugar não se podia, entretanto, enganar-se, pois aí reinava uma luz e maneiras inimitáveis.

Sob um céu pálido e sem nuvens, uma luz uniformemente branca, vinda de lugar nenhum e de todo lugar, iluminava um mundo sem relevo e sem limites, sem profundidade e quase sem cores. Não fazia diferença que os objetos estivessem próximos ou distantes, não se podia saber se eles iam se aproximando ou se afastando. Aliás, suas formas flutuavam, ora ínfimas, ora gigantes, achatadas como folhas ou estufadas como balões. Apertavam-se mãos que lhe passavam através do corpo, aproximavam-se de corpos que se dissolviam ou voavam aos pedaços, cruzavam-se com sombras que não tinham sombra. Tudo isto, sempre, num silêncio atordoante.

Quanto a deixar o reino, estava fora de cogitação também. Não que existissem muros, paredes ou cercas farpadas; não: as fronteiras, quando se acreditava atingi-las do interior, se escondiam, recuavam infinitamente: o espaço era curvo, mas Einstein não valia de nada.

À maneira do próximo e do distante, instante e eternidade se confundiam no país de Ant'Édipo. Podia-se perceber nele, aqui e lá, objetos bizarros arredondados. E vazios. As pessoas idosas – se, todavia, se encontravam ainda nesse reino onde os seres sem sexo eram também sem idade –, as pessoas idosas diziam que uma vez, outrora, esses círculos tinham sido relógios. Eles não eram nem mesmo absurdos: eles eram mudos.

Mas já é tempo de falar de Ant'Édipo e da predição. Pois o maior mistério deste misterioso reino dizia respeito às origens mesmas de Ant'Édipo.

Outrora um adivinho havia formulado uma predição sobre as origens da criança e sobre seu destino magnífico e funesto; mas, por este adivinho ter igualmente predito grandes infelicidades se a verdade viesse a ser descoberta, fez-se com que ele prontamente se calasse e desaparecesse. No medo que não obstante a verdade transpirasse, o Conselho do Reino (esse Conselho era evidentemente dirigido pela Rainha) tinha editado uma lei draconiana, que exigia que qualquer verdade nunca fosse reconhecida como tal. Submetidos a essa lei, os súditos da rainha tinham, pela maior parte, dado o jeito de se exprimirem da maneira mais absurda, outros faziam como os relógios, e se calavam. Ora, corria o boato – ou rastejava – de que Ant'Édipo tivesse nascido por obra de Zeus. A mãe de Ant'Édipo, enfim... a Rainha, gostava de acreditar nesse rumor – sem que se pudesse saber se esta versão escondia uma verdade totalmente diferente, ou ainda se, por um disfarce supremo, ela dizia a verdade para fazer crer que ela estava errada. O assunto era tanto mais complexo que essa Rainha passava por ser ela mesma nascida de Zeus, que a teria fecundado em seguida tomando a forma de um rapazinho.

Deixem-me dizer-lhes que tudo isto é completamente falso.

Uma versão mais estranha, e por consequência mais verossímil, dizia que um dos olhos da mãe, que de fato só tinha um olho, tinha sido metamorfoseado em fonte. O genitor teria se unido a ela, metamorfoseado em chuva. Fato é que existia nas imediações do palácio uma fonte que passava por ser o olho da fecundação. Esta fonte tinha a propriedade de não refletir nem árvores, nem rosto, nem qualquer outra espécie de imagem; quem quer que se debruçasse sobre ela se perdia ali imediatamente.

Quem quer que fosse – salvo o próprio Ant'Édipo. Pois ele vinha muitas vezes se debruçar sobre o olho da fonte, apenas ele, após ter desaparecido, voltava à superfície, aureolado de êxtase. É, então, que no mais espantoso silêncio, uma imensa luz deslumbrante e branca atravessava um céu que os céus não conheciam mais.

E o rei? – dizem vocês: havia um rei nesse reino? Diz-se, nada era menos seguro. Pois se havia um rei, ele nunca era visto: ora repelido para além dos limites do reino e condenado a errar nos limbos como um fantasma; ora, ao contrário, escondido no palácio, mas franzino, transparente, repetido em uma infinidade de exemplares encaixados uns nos outros, cada vez mais minúsculos, cada vez mais próximos do nada: esse rei só existia inexistindo.

Até o dia em que o adivinho, que se acreditava desaparecido, retornou ao reino...

Tirésias – pois era ele – tinha já percorrido cinco ou seis de suas vidas, restavam-lhe apenas uma ou duas a viver, contentava-se com isto: pois ele que já conhecia a bissexualidade, tinha ainda aprendido a conhecer a bigeneração.

Soube-se enfim o que ele havia predito: Ant'Édipo tinha sido destinado por toda a eternidade a nascer dele mesmo. Ele seria, ele e apenas ele, seu próprio genitor, e ao mesmo tempo, o de qualquer pessoa no mundo, mas ele deveria ignorá-lo para todo sempre. Ele permaneceria intacto (e sua mãe com ele) apenas com a dupla condição de ignorar o segredo de suas origens e de descobrir o da intercambialidade dos seres. Assim, sua grandeza e seu êxtase não conheceriam limites.

Essas revelações tiveram efeitos surpreendentes. O mais surpreendente é que elas não foram catastróficas para ninguém. É assim que a fonte do palácio não tragou mais ninguém, mas foi vista refletindo imagens novamente: a fonte refletia. Ant'Édipo banhava-se sempre nela, mas ele não mais desaparecia: saía dela transbordante de desejos e de cuidados. A mãe de Ant'Édipo perdeu seu todo-poderio, mas ela recuperou seu olho. Quanto ao rei, ele saiu de seu exílio e de suas caixas, e readquiriu seu reino.

Zeus, como de hábito, não dizia nada.

No entanto, o reino mudava a toda velocidade. As formas se puseram a tomar corpo, as sombras a se espessar, os longínquos a se esfumar. Os relógios tornaram a girar e os rostos a sorrir.

Houve menos enigma. Houve mais conflitos.

Houve menos luz; houve mais contrastes.

Houve menos loucuras no reino. Mas flutuava às vezes uma ária de tristeza.

E o céu retomou cores: rosas e azuis e negras.

Desse céu provinham, às vezes, estrondos longínquos. Então os passantes paravam nas ruas, os trabalhadores nas fábricas, os pescadores nos rios e os camponeses nos campos. Eles ouviam. Mesmo os psicanalistas e seus pacientes, por um instante, tinham orelha apenas para esses barulhos vindos do fundo do céu e do fundo dos tempos.

As pessoas idosas – ainda elas... – diziam que esses barulhos eram produzidos pelos deuses e deusas quando se dedicavam à disputa ou à carícia.

E quando o barulho se acabava, todos, passantes e pescadores, trabalhadores e camponeses, psicanalistas e pacientes, todos, retomando suas ocupações, diziam confusamente que um dia, um dia antes de sua vida, eles tinham nascido desses deuses e deusas de lá...

Paris, outubro de 1988/junho de 1989.

Este livro foi composto com tipografia Minion Pro e impresso em Pólen Soft 80g/m² na gráfica Paulinelli em junho de 2021.